ルポ 一緒に生きてく地域をつくる。

生活クラブ連合会
「生活と自治」編集委員会 編著

影書房

はじめに

本書は生活クラブ生協連合会（生活クラブ連合会）が発行する「生活と自治」に２０１２年7月号から連載中の「新潮流 にんげん模様」などから、東日本大震災の被災地に関連した記事をはじめ、「脱・原発依存社会」の構築をめざした各地の実践例を紹介した記事を中心に抜粋し、一冊の本にまとめたものです。

生活クラブ連合会は食品や日用品の共同購入を展開する、国内32の生活クラブ生協（生活クラブ）の事業連合です。「生活と自治」はＡ４版40ページの月刊誌で、毎月の誌面では日本の「食」と「農」の問題はもとより、「環境」や「エネルギー」など、日々の暮らしに密接に関わるテーマを特集しています。

東日本大震災の被災地を私が初めて訪ねたのは、地震発生から1週間後の3月17日でした。生活クラブ連合会は、農産物や水産物の共同購入を通じて、山形、岩手、宮城の各県の生産者と提携関係にあります。この人たちの被害状況と安否確認が主たる目的でした。

当時は東北新幹線が不通、東北自動車道も使えず、東京から関越自動車道で新潟に入り、日本海側の道を北上、秋田経由で岩手の盛岡市に向かいました。盛岡市内を抜ける際、あちらこちらで目にしたのは、なんとか営業を続けている数少ないガソリンスタンドの前に並んだ給油待ちの車の列です。同様の光景は被災直後から首都圏でも続いていました。石油に依存する便利で快適な暮らしのもろさを痛感したのを覚えています。

それでも盛岡からの山越えでは春の気配も感じられ、のどかな風景が続いていました。それが一変したのは、宮古市の外れの沿岸部にさしかかったときです。思わず息を止め、自分の目を疑いました。かつて見た町の姿はもはやなく、視界に入ってくるのは建物の残骸である「がれき」ばかりでした。あの大津波の生々しい傷跡です。

がれきの山を両脇に寄せて急造した道を走り、まず訪ねたのは宮古市の重茂《おもえ》半島にある重茂漁協でした。そこから太平洋岸を南下し、釜石、宮城の南三陸町から石巻市を回りました。どの生産者も幸い無事でしたが、何十年もの歳月をかけて築いてきた加工場などの生産設備が津波の被害を受け、再稼働の見込みが全く立たない状態でした。

被災地の提携生産者を訪ねている間に、地震と大津波によって引き起こされた福島第一原発事故の影響も日増しに深刻さを増していきます。「いつ爆発するかわからない」「飛散した放射性物質の量と人の健康へのリスクは計り知れない」という悲観的な観測も飛び交っていました。放射性物質による食品汚染も懸念され、「東日本で生産された農作物は食べない」「輸入農産物の方が安全ではないか」といった消費者の声も数多く耳にするようになっていったのです。

被災地の惨状を目の当たりにし、福島第一原発事故の落とした重く暗い影にさいなまれ、しばらくは放心状態が続いていました。私だけでなく、編集室の全員が自分が何をしたらいいかが正直わからず、何を書いても無駄ではないか、何の役にも立たないのではないかと、あきらめにも似た思いにとらわれていたのです。

そんなときでした。「被災地の現状をしっかり伝えてくれ」「復旧から復興に向かう動きを継続的に掲載してほしい」との要望が、「生活と自治」編集室に数多く寄せられたのです。

そうした読者の強い要望に背中を押されるように、東日本大震災の各被災地を訪ねては、復旧から復興に向かおうとする人びとの歩みを記録したのが、本書の第1章「立ち上がる被災地」に収められた11本の原稿です。そのうちの1本の「布ぞうりに託した希望」に登場する宮城県女川町の八木純子さんは言います。

「震災前と同じものは取り戻せないのだから、新たに自分たちで思いを寄せ合うところから築いていくんです。初めの一歩は大変ですが、踏み出すことで新たな道が広がるし、それが周囲にもいい刺激になっていくと感じています」

この言葉には支え合い、助け合うことから生まれる力への強い期待に加え、「初めの一歩」を踏み出す「個」の存在の大切さが色濃く投影されています。八木さんと同じ思いを抱いた他の被災地の人びとが、未曾有の大震災に奪われた「ふるさと」を懸命に再興しようとしている姿を伝えた本書の第1章は、「協同」という言葉の意味を探るヒントになるかと思います。

東日本大震災は原子力発電に依存する日本のエネルギー政策の危うさを浮き彫りにしました。事故直後には「もう原発はいらない」「安全神話は完全に崩壊した」という批判が高まり、使用済み核燃料や放射性廃棄物の最終処理ができない以上、「脱・原発社会を構築していくしかない」という世論が形成されました。ここで問われたのは、いかなる方法で「脱・原発社会」への歩みを進めていくかです。

本書第2章の「エネルギー自給で地域を興す」には、福島第一原発事故の起きる前から、あるいは事故を契機に、自ら知恵と力を出し合い、原発に替わるエネルギー源を開拓してきた人びとの歩みが収められています。そこに掲載された「みんなの力で電気を」には「暮らしに必要な電力を、国や電力会社任せにせず、自分たちで賄いコントロールしたい」という「自治」の精神で、風力や太陽光を使った発電事業を立ち上げた人たちが紹介されています。同様の取り組みは各地に広がり、小さな地域だからこそできるエネルギー自給の実践例として多くの関心を集めています。

しなやかで強い「個」が力を出し合う「協同」の力は、私たちの生命の源である日本の「食」と「環境」を守っていく役割も果たしています。それを実例で示したのが本書の第3章「農・林・漁業の再生で地域と環境を守る」です。いまや「限界集落」「消滅可能性自治体」などとよばれる日本の農山村や漁村ですが、「どっこい、集落はつぶれない」と農林水産業を基盤に頑張っている地域があります。そこにも農家、漁業者、林業家の「協同」と「自治」の精神があふれています。

見知らぬ同士が世代や性別を超え、生きていくのに望ましいと思える社会像を共有し、ささやかな工夫を積み重ねている例もあります。第4章「地域で育て！　子どもも大人も」と最終章「暮らしを支え合う地域コミュニティー」では、新たなコミュニティー（共同体）づくりにチャレンジしている人たちを紹介しました。育児と介護は政府による効果的な解決策が求められる喫緊の課題ですが、それを待っているだけでなく、自ら主体的に動き出した人びとの選択には目を見張るものがあります。

本書には32篇の「協同」と「自治」の実践例が収録されています。ぜひお読みいただき、民主主義の危機が叫ばれる時代に「協同」と「自治」という言葉のもつ意味を考える契機の一つにしていただければ幸いです。

生活クラブ連合会「生活と自治」編集室

室長　山田衛

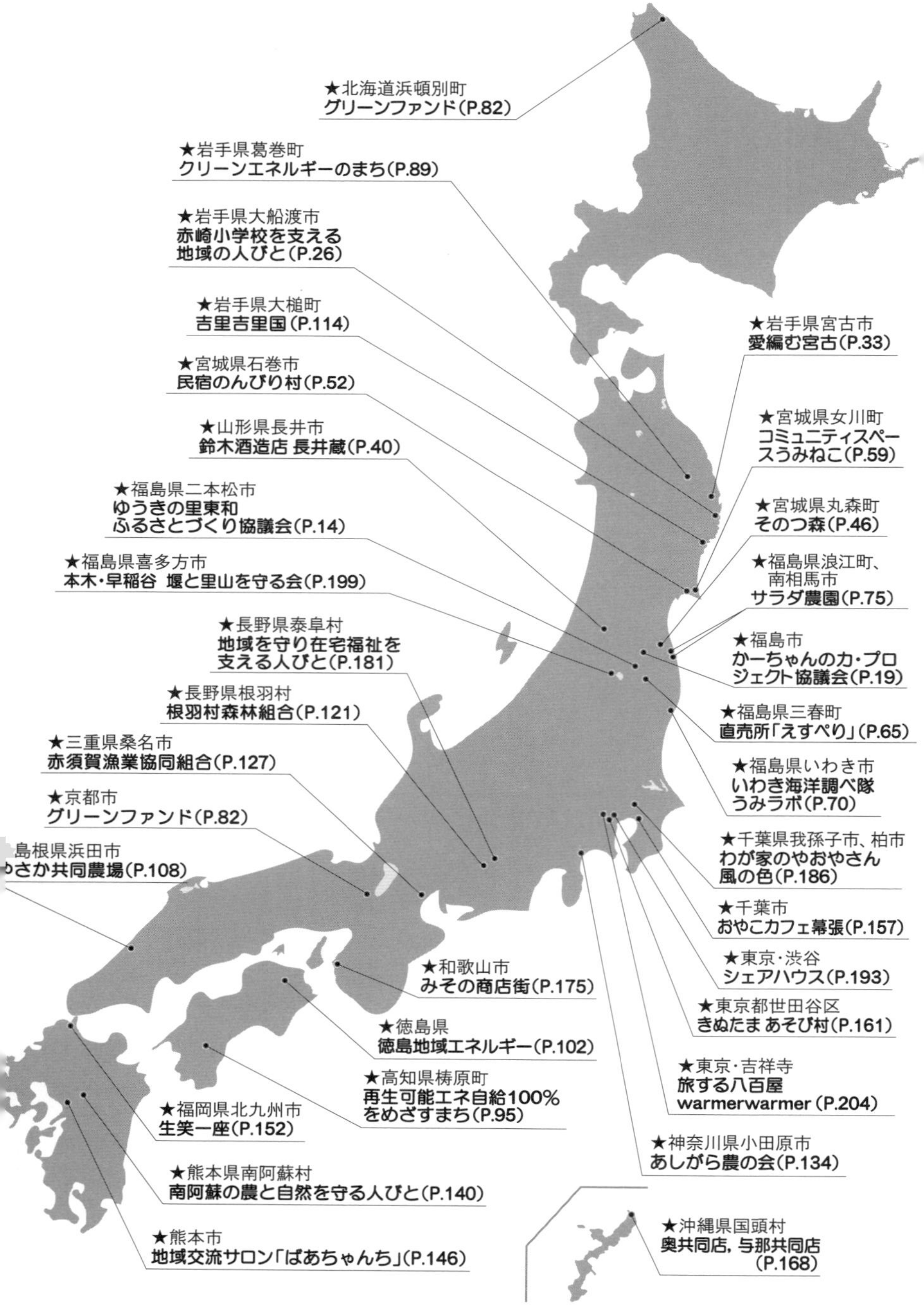

★北海道浜頓別町
グリーンファンド(P.82)
★岩手県葛巻町
クリーンエネルギーのまち(P.89)
★岩手県大船渡市
赤崎小学校を支える
地域の人びと(P.26)
★岩手県大槌町
吉里吉里国(P.114)
★宮城県石巻市
民宿のんびり村(P.52)
★山形県長井市
鈴木酒造店 長井蔵(P.40)
★福島県二本松市
ゆうきの里東和
ふるさとづくり協議会(P.14)
★福島県喜多方市
本木・早稲谷 堰と里山を守る会(P.199)
★長野県泰阜村
地域を守り在宅福祉を
支える人びと(P.181)
★長野県根羽村
根羽村森林組合(P.121)
★三重県桑名市
赤須賀漁業協同組合(P.127)
★京都市
グリーンファンド(P.82)
島根県浜田市
さか共同農場(P.108)
★岩手県宮古市
愛編む宮古(P.33)
★宮城県女川町
コミュニティスペー
スうみねこ(P.59)
★宮城県丸森町
そのつ森(P.46)
★福島県浪江町、
南相馬市
サラダ農園(P.75)
★福島市
かーちゃんの力・プロ
ジェクト協議会(P.19)
★福島県三春町
直売所「えすぺり」(P.65)
★福島県いわき市
いわき海洋調べ隊
うみラボ(P.70)
★千葉県我孫子市、柏市
わが家のやおやさん
風の色(P.186)
★千葉市
おやこカフェ幕張(P.157)
★東京・渋谷
シェアハウス(P.193)
★東京都世田谷区
きぬたまあそび村(P.161)
★東京・吉祥寺
旅する八百屋
warmerwarmer(P.204)
★神奈川県小田原市
あしがら農の会(P.134)
★和歌山市
みその商店街(P.175)
★徳島県
徳島地域エネルギー(P.102)
★高知県梼原町
再生可能エネ自給100%
をめざすまち(P.95)
★福岡県北九州市
生笑一座(P.152)
★熊本県南阿蘇村
南阿蘇の農と自然を守る人びと(P.140)
★熊本市
地域交流サロン「ばあちゃんち」(P.146)
★沖縄県国頭村
奥共同店，与那共同店
(P.168)

一緒に生きてく地域をつくる。 目次

1 立ち上がる被災地

2 エネルギー自給で地域を興す

3 農・林・漁業の再生で地域と環境を守る

4 地域で育て! 子どもも大人も

5 暮らしを支え合う地域コミュニティー

1 立ち上がる被災地

復興は地域の自立から

福島県二本松市／NPO法人「ゆうきの里東和ふるさとづくり協議会」

「住めるのか?」からの出発

阿武隈山系にある福島県二本松市の東和地域（旧東和町）。過疎、高齢化が進み、2012年現在の人口は6800人足らずとなった。福島第一原発から北西に約50キロ、山を越せば飯舘村というこの地にも、原発事故の影響が重くのしかかる。

ところが、地域内で生産された野菜やコメ、加工品が所狭しと並ぶ道の駅「ふくしま東和」は訪れる人も多く、活気に満ちている。震災後も売り上げに大きな影響はありません」と話すのは、この道の駅の指定管理者でもあるNPO法人「ゆうきの里東和ふるさとづくり協議会」事務局長の武藤正敏さんだ。

会員260人あまりの同協議会は、有機肥料を使用し、低農薬で野菜を育て、栽培記録を開示するなど独自の品質管理を行う「東和げんき野菜」を販売する。震災後は民間の市民放射能

道の駅「ふくしま東和」の店内。原発事故当初は不安を抱える地域の人びとが集まり話し合う場所としての機能も果たした

測定所（CRMS）などの協力を得て昨年（2011年）8月から農作物の放射能測定を開始、膨大な測定結果はCRMSのサイトで公表されているほか、だれでも見られるよう、店頭にも資料を置いている。

これらの取り組みは消費者に支持され「常連のお客さんのほか、測定値を公表しているからと遠くから来てくれる人もいます」と武藤さんは胸を張る。

もっとも、原発事故直後は判断できるだけの情報もなく、避難区域にはならなかったものの「この空気を吸い続けていいのか、作物を食べていいのか」という不安と混乱が地域にはあった。

そんななか、空間放射線量が次第に下がり、土壌1キロ当たり5000ベクレル以下なら水稲の作付けは可能と国が判断したこともあり、4月、同協議会は11年度の作付け開始を決定する。

「農家だけでなく、商店主などいろいろな立場の人が協議会にはいます。専業農家たちの『続けるべき』の考えに疑問の声もありましたが、協議の上、決断しました」

あわせて、放射能と向き合うためにさまざまな立場の専門家を招いて勉強会を重ね、また、複数の大学の研究者たちとともに、土壌中の放射能を農作物に移行させないための試行錯誤を続けた。

その結果、ほとんどの野菜が1キロ当たり20ベクレル以下のレベルになった。「やってみるしかない」という決断が結果を生み、会員の間で少しずつ不安より期待が大きくなっていったという。

原発事故が離農を促す

重い課題もある。一つは地域の多くを占める山林の汚染だ。里山の恵みであるタケノコやシイタケ、山菜などの放射能値は高い傾向にある。また、特産の桑の葉も、生では1キロ当たり20ベクレル程度だが、乾燥した状態では100ベクレルを超えてしまい、新基準の運用が始まった今年（2012年）4月から販売できなくなった。かつて養蚕が盛んだった地域として桑の葉や実をつかった商品を開発、健康ブームを追い風に主軸産品の一つにしてきただけに大きな打撃となったが、「特産品をなくしてはならない」と、桑生産者は今年、新たに2000本の苗を植え、来年以降の収穫の可能性に賭けている。

相次ぐ痛手にも気持ちを奮い立たせて踏ん張る東和地域の人たちに、追い打ちをかけたのは行政だった。国は今年、玄米1キロ当たり100ベクレルを超え500ベクレル以下の数値が検出された地域を作付け制限の対象とし、「作付け条件」として、水田を深く耕すことや放射性物質のセシウムを吸着するとされるゼオライトの散布、カリウムを主成分とする肥料を施すことなどを課した。

「平均年齢65歳の農家にはきつい作業です。そのうえ、作付けしなければ賠償金が支払われるという説明に、コメづくりをやめる農家が急増しました。行政の指示が農家のやる気をそいでいるのです」と指摘するのは有機農家で協議会理事の菅野《すげの》正寿《せいじゅ》さん。その言葉どおり、地域内には新たに耕作放棄された田が目立つ。作付けをあきらめたのは会員以外が多かったが「もっと私たちから作付けを働きかけるべきだった」と悔しさをにじませる。

有機的につながる社会を

05年の設立以来、協議会は「日本のモデルケース」となるべく、「里山のめぐみと人の輝くふるさとづくり」を目標として、地域コミュニティー・農地・山林の三つの再生を柱に活動してきた。そのため、野菜の直売や特産品の開発にとどまらず、伝統工芸の伝承、会員の健康チェック、営農指導や耕作放棄地の再生、新規就農者への支援、都市との交流企画など、取り組みは多岐にわたる。

「補助金に頼った産地づくりや工場誘致では痛い目にあってきました。自分たちで仕事を生み出して持続可能な地域をつくるしかないのです」と協議会副理事長の武藤一夫《いちお》さんは確信を込めて言う。

1970年代には年間13億円の生産高があった東和地域の基幹産業の養蚕は、生糸の輸入自由化で壊滅。産業の工業化、都市部中心の発展に国が力を入れるなか、日本中の多くの農村と同様に東和地域も取り残されていった。辛酸をなめた数十年の経験から導き出したのが自主自立、住民主体で「ヒト・モノ・カネ」を有機的に地域内で循環させる社会の実現だった。その活動が軌道に乗り始めたとき、原発事故が襲った。

一夫さんは静かに続ける。「原発事故後も、放射能対策が増えただけ。私たちがこれまでやってきたことをやり続けるのみです。自立してこそ本当の復興。そして里山の暮らしを守ることで、環太平洋連携協定（TPP）などさらなる外圧が来ても、きっと私たちは生き抜いてみせます」。国策にもてあそばれ続けた地域が生き残りをかけて描く将来像の意味は大きい。

（2012年11月／文・市川はるみ／写真・長谷川健郎）

前に進み続ける「かーちゃん」たち

福島市／かーちゃんの力・プロジェクト協議会

「かーちゃん」の弁当づくり

夜明け前の午前5時45分、「あぶくま茶屋」（福島市）には、すでに明かりがともっている。調理場では、かっぽう着姿の女性2人が働いていた。切り分けたカツオをトレーに乗せ、スチーム・コンベクション・オーブンに入れる。ゆでたインゲンをそろえて切り、マヨネーズであえる。打ち合わせをしなくても、次に何をすべきか、お互いわかっているようだ。ときおり冷蔵庫に貼られた献立表を見ながら、手際よく調理が進められる。今日の調理担当は、半谷《はんがい》幸子さんと山口順子さん。半谷さんは毎朝午前4時に起き、子どもたちの弁当をつくってから出勤しているという。

「お金を払って買っていただくものだからね。子どもの弁当とは、ぜんぜん勝手が違うよ」と半谷さん。

あるのはプロ意識。単に効率よく調理をすれば良いというだけではなく、厳密に調味料を量り、こまめにアルコール消毒も行って、衛生管理を徹底している。

「ちょっとコメの水見てちょうだい」

「何合？」

「32合」

「もうちょっといれた方がいいんでねぇ。冷めっとかたくなるからさぁ」

ときには軽口も飛び交い、サークル活動にも似た和やかな雰囲気が漂う。

午前8時、完成したおかずを、机の上に並べた弁当箱へ盛りつけていく。全部で89食。炊きたてのご飯の湯気が部屋中に立ちこめた。今日の「かーちゃんの笑顔弁当」には、カツオのイモ床入り親子焼、筑前煮、インゲンとシメジのあえ物、ニラの卵みそ、タマネギのレモンマリネ、はんぺんの肉詰めが並び、「かーちゃん」メンバーの1人、石井絹江さんが考案した逸品の大根のビール漬けも添えられた。

これが「かーちゃんの力・プロジェクト協議会」による弁当づくりの風景だ。

知恵と技で仕事をつくる

同協議会は、福島第一原発の事故によって避難を余儀なくされた農村女性が中心となり、福島大学やＮＰＯの支援を受けて発足した。農村に住む「かーちゃん」たちが培ってきた知恵や

見た目にも気を配りながら「笑顔弁当」の盛りつけをする

技、そして味を生かし、復興のための仕事をつくることが目的だ。

協議会の代表、渡邊とみ子さんは福島県飯舘村《いいたて》からの避難者で、飯舘村近隣の浪江町、葛尾《かつらお》村、旧都路《みやこじ》村（現・田村市）、川内村、川俣町に住む農村女性たちとは以前から交流を深めてきた。

震災後、福島大学が「かーちゃんの力・プロジェクト」の構想をもっていることを聞いた渡邊さんは、親交のあった「かーちゃん」たちがどこに避難しているかを調べ上げ、1人ずつ話を聞いて歩いた。

「モノをもらうばかりではなく、自分たちで働きたい」

聞こえてきたのは、そんな意見だった。

村の加工所や直売所、農家民宿にあった設備は失ってしまったが、福島市のNPO法人「NPOほうらい」が復興物資の配送拠点として使っていた元飲食店の「あぶくま茶屋」を間借りし、機材を借り受けて2011年10月にプロジェクトの活動がスタートした。

現在は、仮設住宅や大学生協に向けて、弁当や総菜を販売をする。これらの放射線量を計測し、1キロ当たり20ベクレル以下と、国よりも厳しい基準を設定している。

飯舘流「までいライフ」

現在、あぶくま茶屋の調理場で使っているスチーム・コンベクション・オーブンは、渡邊さんが飯舘村で運営していた「までい工房美彩恋人《びさいれんと》」から持ってきたものだ。

までい工房では、総菜・菓子を販売し、料理体験や「カントリードールのつくりかた」「粘土細工」など、地域の人びとがもち回りで先生役を務める講座を開催していた。庭の美しい花々を眺めながら、風にそよぐベルの澄んだ音色を聞き、テラスで談笑することもできた。次は隣に納豆工房をつくり、もっと人が集まれるように古民家を移築しようと考えてもいた。

いまは、そこには雑草が茂り、クモの巣が張り巡らされている。失ったものはあまりに大きい。

「震災後機材を運び出すために帰った時に、その光景を目にして……」

渡邊さんが言葉を詰まらせた。

「……そのあと半年間、家に行けなかったんです」

無いものねだりより、有るものさがしをしていこうと、飯舘村の村長菅野典雄さんが、村ぐるみで飯舘流スローライフの「までいライフ」を提案したのは9年前。「までい」には、手間ひまを惜しまず、じっくりと丁寧に、といった意味が込められている。

村長の菅野さんは単にハコモノを建設するのではなく、村民主体の村づくりを推進し、「までいライフ」の実践者である田舎の達人を顕彰する制度も創設。その第2回受賞者が渡邊さんで、飯舘村発の「までいライフ」は、近隣の町村にも広がっていった。

ふるさとの証しを未来に

豊かな暮らしを実践し、提案していく「までいライフ」の思想は「かーちゃんの力・プロジェクト」の活動にも受け継がれている。現在、彼女たちが開発を進めているのが「健康弁当」。550キロカロリー以下、食塩3グラム以下になるよう計算されており、福島県立医科大学などの指導を受けてメニューを考案している。この弁当を同プロジェクトがNPOほうらいの運営するフィットネスクラブの会員に届ける。食と運動による健康づくりの提案だ。

厳しい現実ときちんと向き合い、前に歩き続ける。そんな渡邊さんたちの挑戦は、日本国内にとどまらない。

渡邊さんは「イータテベイクじゃがいも研究会」の会長も務めている。「イータテベイク」は飯舘村出身の菅野元一さんがつくった品種で、2人の夢は「世界一のジャガイモをつくること」だ。

このジャガイモは、高でんぷん質で、薄皮、小ぶりと食べやすい。かんたんに調理することができ、忙しい朝食時でも、しっかりとビタミンが取れるという。また、少ない肥料でも収穫量が多く、収穫が容易な上に、発芽時期が遅いために春先まで保存が可能と、生産者と消費者のことを考え抜いてつくりあげられた。04年に品種登録され、以来飯舘村で原種の生産を続けてきた。

同プロジェクトでは避難先で農地を借り、「イータテベイク」ほか、飯舘村オリジナル品種のカボチャである「いいたて雪っ娘」などの栽培を続け、種子を守り続けている。昨年の秋には収穫祭も行われた。菅野さんは言う。

「震災を少しでもプラスにしないといけないんです。実際に海外からの取材がきっかけで、イータテベイクを栽培したいというフランスやスイスの人たちとのつながりができました」

渡邊さん、菅野さんに共通するのは、ふるさとの証しを残したい、広めたいという強い思いだ。そのためには、同情にすがるのではなく、真価をもって評価される「本物」をつくろうという覚悟もある。

ともすれば〝放射能汚染で苦悩する村〟という悲劇の文脈だけでとらえられてしまう飯舘村だが、そこで生まれ、各地で芽吹こうとしているのは、日本に、そして世界に通じる、未来のあり方への提案といえるだろう。

（2013年1月／文・瀬戸義章／写真・長谷川健郎）

子どもたちのために踏み出す一歩

岩手県大船渡市／赤崎小学校を支える地域の人びと

バス停に希望の虹

震災から1年半以上が経過した2012年11月17日、赤崎小学校の子どもや保護者・教師など、100人を超える町の人びとが、県道沿いの1カ所に集まった。

震災前は徒歩で通学していたが、津波で校舎が全壊し、隣の小学校にスクールバスで通わざるを得なくなった子どもたちのために、この日、屋根付きの停留所が町内4カ所に設置された。仕上げは、子どもたちと地域の大人によるペイントだ。背面は子どもたちの担当、自分たちでデザインした下絵を描きペンキを塗っていく。側面には、赤崎小の保護者でもあるイラストレーターが下絵を描き、大人たちがペンキを塗った。

「大きいと全体のバランスが難しいね」

「ペンキが垂れてきちゃうよ」

「あ、字が入るところに色塗っちゃった」

ペンキ塗りには大人も四苦八苦、自分の顔にペイントを始める子どももいて、みんなの笑い声とともに停留所は出来上がっていった。

「この1年半、家族が大変な思いをするなか、心配をかけたくないと子どもたちはずっとがまんしてきました」と赤崎小学校長の佐々木貞子《ていこ》さんは話す。震災後しばらくは子どもたちから笑顔が消えた。別の学校に間借りするストレスに加え、校庭には仮設住宅が建ち、運動も遊びも十分にはできない。遊び場や居場所も地域からなくなった。

今回、子どもたちは通学区ごとに新設された4カ所のバス停に分かれそれぞれ下絵を作成したが、いずれにも虹が描かれた。佐々木さんはその理由をこう推測する。「確かに虹はきれいで比較的簡単に描けるけれど、それだけじゃない。子どもたちなりに、希望にかける虹という意味を込めたんだと思います」。

子どものために立ち上がろう

新たに停留所が設置された場所は、いずれも周辺の建物が津波で流され、さら地の状態だった。吹きさらしの県道沿いには雨宿りする軒先もなければ夏の暑さをしのぐ日陰もない。がれきがとんでくる危険性もあった。実際に体調を崩す子どもが少なくなく、教師たちは心配のあまり毎朝、見守りに出たという。

こうした思いを受け、停留所の建設は1年以上前から要望が出されていた。しかし4年後に赤崎小学校が復興すればスクールバスはなくなる。ほかにも課題が山積するなか、不要になるものに予算をつけるのは難しいというのが教育委員会の回答だった。

「なんとかなんねかな」。思い余った佐々木さんが相談したのが民生委員の吉田久美子さんだった。「あたってみる」と応えた吉田さんが向かった先は、大船渡市からの委託で在宅被災者のためのパーソナルサポート事業を担う「共生地域創造財団」だ。

津波で自宅を流された吉田さんは、被害をまぬがれた自宅の離れを改装し新しい生活を始めていた。だが、自分のように仮設住宅に入らずなんとか自力再建した在宅被災者に支援が届きにくい現状に気付き、できる範囲で物資を集め支援を続けていた。そのなかで出会ったのが財団の竹内隼人さんだ。バス停の相談を受けた竹内さんは、さっそく吉田さんと動き始めた。

竹内さんは、建築活動を中心に支援を行うNPO法人「ハビタット・フォー・ヒューマニティ」に、佐々木さんは地元企業の太平洋セメントに協力を求め、地域のロータリークラブからも同意を得た。

「最初はこれらの団体で費用負担してプレハブを建てるだけの計画だったんです」と竹内さん。しかし、それで終わっていいのかとあらためて考えた結果、単に支援団体が費用を出すだけでなく、子どもたちのために地域の大人みんなが力を出し合う形にできないかと思い至った。

共生地域創造財団は、生活クラブ生協や生協グリーンコープ共同体など3団体が、長期にわ

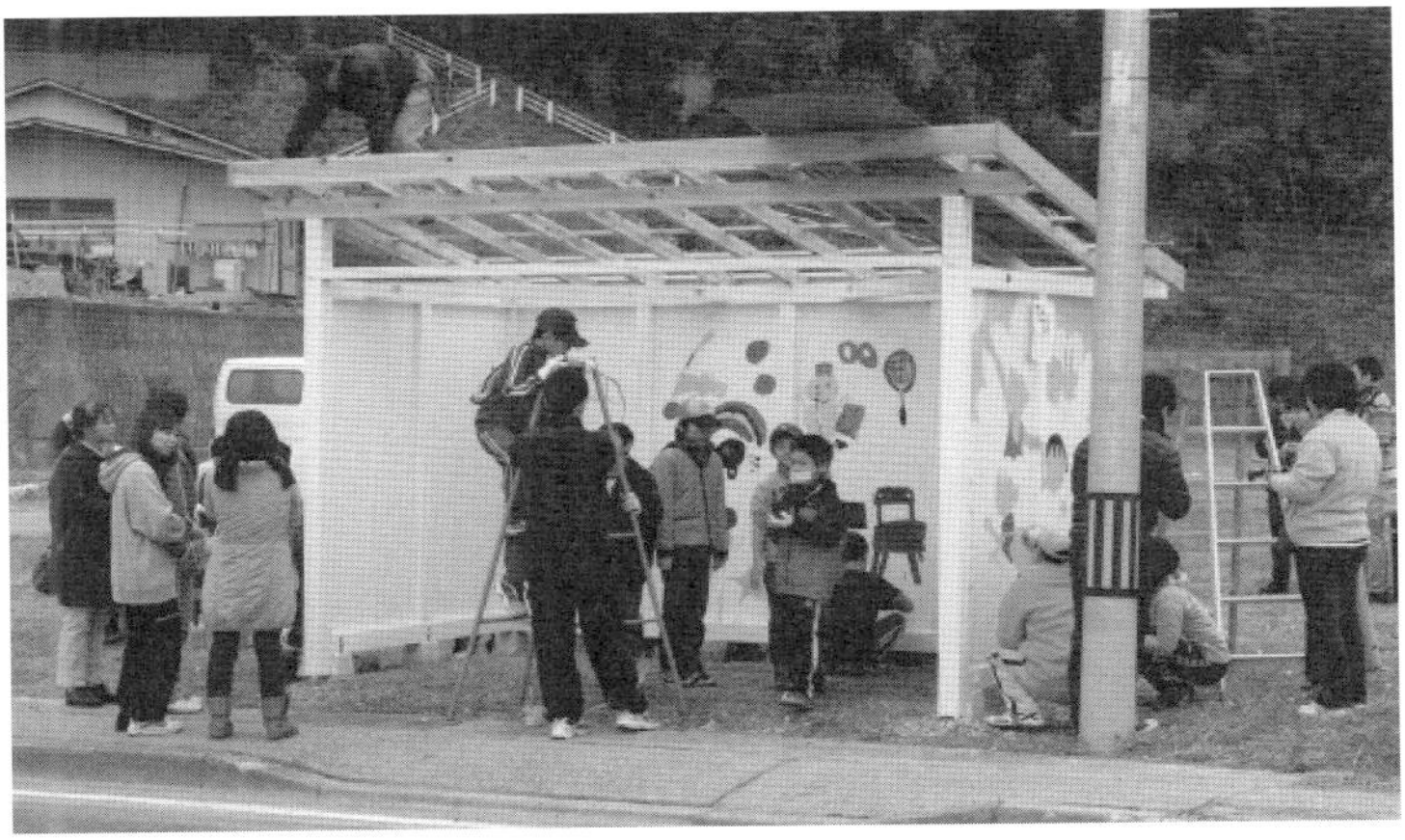

県道沿いの何もないところにみんながつくった停留所が建つ

ボランティア（左から３番目）も製作を支援

たる被災地支援のために設立した財団法人だ。その目的は「単に困っているところに物を届けるのではなく、そこに住む人自身が、だれもが共生できる地域づくりを進めていく手助けをすることにある」と竹内さんは考える。だからこそ、今回のバス停建設についても、地域の人とともに進めたいという思いがあった。メンバーに相談したところその思いは一致、あらためて学校の教師や赤崎地区公民館長の金野律夫さんらも加わり、停留所建設に向けた定期的な話し合いがもたれるようになった。

みんなの思いが一つに

バス停の建設は、国産の木材を使う地元の工務店主、金野福雄さんに依頼した。自身も被災し大損害を被った金野さんだが、「子どもたちのためなら」と快く引き受けてくれた。土地を借りる交渉は公民館長の金野さんが担当、4年後に公民館がバス停を町の財産として管理し、町のために活用する方向性も決まった。「仕事ができず家にいるお父さんにも手伝ってもらおう」「最後は子どもたちみんなで色を塗ろう」。次々にアイデアが生まれた。地元との調整は吉田さんの役割。「このへんは屋号というのがあって名字じゃないんです。〝西山根の久美子です〟と声をかけるとすぐ話が通じて。何かしたいという思いはみんなあったんですね。子どもたちのために、という思いが多くの人を動かしました」。

建築現場には毎日たくさんの人が手伝いに訪れた。「全然関係ない人からもバス停ができるんだってと声をかけられたし、何か始まったんだってと来てくれる人もいました」。こうして迎えた最後のペイントの日には、完成を楽しみにした地域の人びとがおおぜい集まることになった。

仕上げの屋根の設置にきた工務店の金野さんは「こんなにおおぜいが集まるなんて夢にも思わなかった。うれしいね」と顔をほころばせた。「子どもたちの状況をなんとかしたいというみんなの熱意が形になった。何か一つでも改善され、前に進めば子どもたちの希望につながっていくのではないでしょうか」と公民館長の金野さん。

「何もなかったところに自分たちの停留所ができてうれしい」「友だちと一緒にペンキを塗っておもしろかった」など、子どもたちからも数多くの喜びの声が寄せられた。「この冬は子どもたちに寒い思いをさせたくない、そう願う全員の努力が実り、奇跡的に雪が降る前に完成させることができました」と竹内さんは胸をなで下ろす。

地域からの発信を

「私はスタート時点で動いただけ。あとは何乗という形でみんなのエネルギーが広がりました」と民生委員の吉田さんは振り返る。震災後は生き延びるのに必死で、地域の集まりや行事もほとんどできなくなっていた。被害の程度や受けられる支援にも違いがあり、各自が自分のことに精いっぱいで、地域のつながりをぜい弱にした。

それだけに今回、「子どもたちのために」という思いが地域の人びとを再び結びつけ、具体的な成果となったことは「涙がでるほどうれしい」と吉田さん。

「いろいろな支援や寄付がありますが、うまく活用できませんでした。今回のように、私たちが必要とするものを自分たちの手でつくっていくことをサポートしてくれる支援ほど必要だと思ったものはありません。待っているだけ、もらうだけではだめ。こちらから何が必要なのか、どうしてほしいのか、きちんと発信していかなければ」と思いを新たにする。

被災地の現状はまだまだ厳しい。竹内さんは「行政の復興計画や予算では解決できない課題やニーズはたくさんあります。生活の困窮や子どもの心理ケアの必要性は震災後2年がたとうとするいま、ようやく明らかになってきました。神戸の震災と同じように世間に注目されなくなってから隠れた課題が深刻化します。その過ちを繰り返さないために、今後何年にもわたって地域に寄り添い、ともに考えていくなかで、私たちの財団が必要とされる役割を担っていきたい」と話している。

（2013年3月／文・宮下睦／写真・尾崎三朗）

毛糸で紡いだ愛を編む

岩手県宮古市／愛編む宮古

すべての縁に感謝を

「金沢から注文が入った。カラフルモップを50個だって」

電話を受けていた事業組合「愛編む宮古」の理事、久保田やす子さんの声が弾む。

カラフルモップは「愛編む宮古」が金沢市のフェア・トレード・ショップ（持続可能な民衆交易を支える店）とともに開発した人気商品で、ヘッドに装着して使う。実用的であるだけでなく、部屋の片隅におけばインテリア代わりにもなる。

だれからともなく、「アクリル毛糸を探さなきゃ！」の声があがり、皆で手分けをして小さな事務所に積みあげられた、全国から寄せられた段ボール箱を開けていく。それぞれの家庭に眠っていた未使用の毛糸は、色も太さも材質もさまざま。なかにはこんな手紙が添えられたものもある。

「亡き妻が使っていたものです。手放せずにきましたが、お役に立てば本望です」

「かせ」と呼ばれる束状にまとめられた古い毛糸も多い。かせ繰り機を使って巻き、これを毛糸玉にしていくのも大切な作業だ。

「ああ、とつこになって（絡まって）しまって駄目だ」と嘆息しながらも久保田さんたちの表情は朗らかだ。「せっかく支援でいただいた。むだにしては申し訳ない」と根気強く絡まる糸をほどいていく。

2年前の2011年3月11日、港町・宮古を襲った大津波は、家や職場、家族や友人を奪いさり、ふるさとの風景を一変させた。その喪失感を知ればこそ、毛糸を通じて生まれた縁を大切にしている。

「かせ繰り」をするメンバーたち。全国から寄せられた毛糸をていねいに毛糸玉に仕上げる。すべての作業がここから始まる

編み物が引き合わせた仲間

編み物による被災地支援を提案したのは、国内外で女性の起業支援を行う民間団体「ＷＷＢジャパン」代表の奥谷京子さんと、ニットデザイナーの三園麻絵さん。

全国の有志に呼びかけて集めた毛糸を被災地の女性たちに届けて、バッグやポーチなどを編んでもらい、その販売にも協力する一連の企画は「ソーシャル・ニットワーク・プロジェクト」と名付けられた。だが、奥谷さんたちがこの構想を提案した11年6月ころは、被災地の自治体のほとんどが緊急対応に追われ、講習会を開催できた場所は限られていた。その一つが宮古だった。「愛編む宮古」代表理事の盛合道子さんが当時を振り返る。

感謝の気持ちを込めて編み上げたニット製品

「被災して仕事を失い、自宅にもがれきが押し寄せていて、しばらく中に入れなかったんです。そんなやり場のない悲しみを抱えていたころだったので、『ニットづくりで仕事を』という趣旨にひかれました」

講習会の会場には、40人以上の女性が集まった。仮設住宅に暮らす人、被災しながらもなんとか自宅に住めた人、直接被災はしなかった人……。暮らしぶりや直面している課題はさまざまだが、「東日本大震災で心に大きな傷を負った」「編み物を通じて新たに人とつながる決意をした」という点は共通していた。

そこに気付いた盛合さんの胸は熱くなり、この出会いを1回だけで終わらせはしないと強く思った。「ニット製品を買ってくれる買い手を集めるから、三園さんのデザインに沿って製品をつくりませんか」というＷＷＢジャパンの奥谷さんの提案は受け入れられ、「愛編む宮古」が誕生した。

編み棒を持つ手に集中しているときは、気持ちが落ち着き、悲しみを忘れることができたという。

全国から寄せられた毛糸は２００箱、その後も送られてくる予定がある。ニットの買い手にはのべ１４５人が名乗りを上げた。こうして盛合さんたち編み手は2点のニット製品ごとに、ＷＷＢジャパンの諸経費を引いた2万円を受け取った。

さらに編み手と買い手を心理的にもつないだのがＷＷＢジャパンの発行する「絆レター」だ。双方の声が紹介され、それぞれに対する心温まるような反応が掲載されるのを見て、「私たちは全国の人びととつながっている」と盛合さんたちは実感した。

趣味から、仕事へ

被災から1年後、盛合さんと仲間たちは一大決心をした。「全国から寄せられた支援に応えるためにも、趣味の範囲を越えて、責任をもって仕事を請け負える事業体をめざそう」と思い立った。

自分たちのオリジナル商品をつくりたいという機運も高まった。WWBジャパンにゆかりのあるフェア・トレード・ショップなどに販売に出かけ、どのような製品が求められているのかを買い手とともに考えた。こうして誕生したものの一つがカラフルモップだ。

ひんぱんには宮古に来ることができない奥谷さんと連絡を取るために、震災前は触れたこともなかったパソコンを使い、映像を伴う無料通話ソフト「スカイプ」を用いて会議をすることも覚えた。奥谷さんは言う。

「盛合さんのリーダーシップを周りのみんながフォローして、それぞれが役割分担してお互いの力を発揮し合っています。何より明るく、本当に前向きです。『愛編む宮古』は、コミュニティービジネスの一つのお手本だと、私は思っているんです」

ソーシャル・ニットワーク・プロジェクトは、岩手県の岩泉町と大槌町、福島第一原発事故の避難者が暮らす福島県会津若松市や青森市にも活動を広げ、それぞれの地域でニットを編み続ける女性たちがいる。そのなかで「愛編む宮古」の存在が注目を集めている。

明日の笑顔を届けたい

この4月、「愛編む宮古」は15人のメンバーで、晴れて事業組合としての新たな一歩を踏みだした。

中高年の女性たちによる事業組合の設立に、家族や周囲の承認を得るのは容易なことではなかった。だが、皆が口をそろえて言う。

「不安がないわけではないです。でもね、編み物を通して日本中の皆さんに明日の笑顔を届けたい、いま、この仲間がいるからこそ私たちにできることがあるんです」

盛合さんには具体的な目標がある。

「私たちのオリジナルの商品をもっと生み出したいんです。都会の人が思わず手にしたくなるような斬新なモチーフや、普通の人が思いつかないような、アクセントに使う色使いなどを確立しなければならないと思っています」

最初に提案されたニットデザイナーの三園さんのデザインは、全国から寄せられた小さなロットの毛糸を生かしながらも、デザイン的に考えつくされたものだった。自分たちの自由作品をつくるなかでそのことを痛感した盛合さんたちは「そのノウハウを学びたい」と真剣に考えている。

この「愛編む宮古」からの講師依頼を、三園さんは二つ返事で引き受けた。

「震災を契機として日本のものづくりの文化を復活させたいですね。そのために私のスキルがお役に立つなら何よりです。試行錯誤しながらクリエイティブ（創造的）なものをつくりあげたときの達成感や充実感を、宮古の皆さんにも味わってほしいです。それは必ず自信につながるはずですから」

明日の笑顔を望む人びとの熱い心はいまも健在だ。

（2013年5月／文・高橋宏子／写真・尾崎三朗）

浪江で〝生きた証し〟を残したい

山形県長井市／鈴木酒造店　長井蔵

震災後、新天地で

水の郷《さと》百選にも選ばれた山形県長井市。その中心部から歩いて5分、コンクリート製の煙突が目印の「鈴木酒造店　長井蔵」が建つ。蔵の脇を流れる水路では、清流に咲く「バイカモ」の花が満開のときを迎えていた。その酒蔵で毎朝午前6時、かい入れをする鈴木大介さん。もとは福島県浪江町で自ら酒造を営んでいた蔵元杜氏《とうじ》だ。

「コメづくりにも使う朝日水系の水で酒が仕込めます。こんな恵まれた環境は全国的に見てもなかなかない。浪江とは水も気候も全く違うけど、だいぶ慣れてきました」

2011年3月11日の津波で鈴木さんの酒蔵は流され、すべての家財道具を失った。地元の消防団員だった鈴木さんは、津波が押し寄せるギリギリまで避難誘導を続け、走っているトラックの荷台に飛び乗り、なんとか一命を取り留めた。その後も捜索を続けようとしていた鈴木さんに翌日伝えられたのは、福島第一原発から10キロ圏外への避難指示だった。

「お世話になった人たちにあいさつもできず、心残りがいっぱいあります」

家族や親戚、従業員と14人で避難したが、仕事と暮らしの拠点を失い、一時は酒造りをあきらめかけた。だが、被災2カ月後、かつて酒米を契約栽培してもらっていた稲作農家の遺体と対面し、このままでいいのかという思いがこみ上げた。

「棺おけのふたをあけ、遺体が朽ちていく臭いをかいだ瞬間、人間の尊厳について考えました。このままでは浪江で世話になった人たちの生きた証しは消され、津波や原発に追いやられたままになってしまう。自分が酒を造れば、何かが残せるんじゃないかと思ったのです」

鈴木さんは浪江の人びとが「生きた証し」を後世にまで伝えたいと、新天地である長井市で酒造りに挑むことを決意した。

11年の日本酒の年間消費量は約59万キロリットル。最盛期だった1975年の3分の1以下の水準で、3229あった酒蔵も1709にまで減少した（国税庁の統計）。そんな流れを受け、2011年に廃業を決めた酒蔵の一つに、長井市で1931年から創業してきた「東洋酒造」がある。鈴木さんが偶然知人から紹介された酒蔵だ。2011年10月、鈴木さんは同社の株式を購入、新たに道具をそろえ年末から酒造りに着手した。

「（東洋酒造からは）祝いの酒の『一生幸福』という銘柄、地域住民とつくった『甦る《よみがえ》』という二つの銘柄を引き継いでほしいと言われましたが、一つだけで精いっぱいでした」と鈴木さんは言う。福島県外に移住したこともあり、同県の復興支援制度は使えない。経営を考え、浪江時代に造っていた「磐城壽《いわきことぶき》」と、東洋酒造から引き継いだ「一生幸福」の2枚看板での再出発を決めた。「鈴木酒造店　長井蔵」の誕生だ。

復活した長井の酒「甦る」

震災後、福島県内から長井市には300人以上が避難していた。いわき市から家族と移住した村田孝さんも、その1人。11年6月、地元の人びとが田植えの終了を祝う宴席の「さなぶり」に呼ばれた村田さんは、そこで東洋酒造の酒「甦る」と出会った。「いまの自分たちの状況にぴったりのネーミング。その酒を仕込む蔵がなくなると聞き、とても残念な気がしました」。

かねてから農業に興味があった村田さんは市内のNPO法人「レインボープラン市民農場」で働き始め、「甦る」の復活計画を事務局長の横山太吉《たきち》さんにもちかけた。同NPO法人を舞台に、福島から避難してきた人たちが協力してコメを作り、同じ境遇にある鈴木さんに酒を造ってもらおうと考えたのだ。そもそも「甦る」はこのNPO法人が発案、市内の生ごみから作ったたい肥で、幻のコメと呼ばれる地元の在来品種「さわのはな」を育て、これを東洋酒造が酒造りに活用してきた。同NPO法人メンバーにとっても、長井という新天地で不安や孤独を抱えながら生活を再建しようと奮闘する福島の人たちにも、「甦る」の復活は大きな希望を感じさせるものだった。

12年2月、横山さんらは鈴木酒造店を訪れ、「『甦る』をぜひ造ってほしい。そうすれば福島県にも届けられ、離れてしまった故郷ともつながることができる」と熱心に説いた。避難者同士の交流はもとより、長井市民と避難者の交流も目的とする取り組みであると聞いた鈴木さんはその場で快諾。

「こっちに来て同じように頑張っている人がいる、何か一緒にやれたらと心を打たれました。村田孝さんがいなかったら『甦る』は消えたままだったかも」と言う。

酒から生まれたつながり

13年3月11日、約20俵（約1200キロ）のさわのはなを仕込み、1年がかりで完成させた純米吟醸酒「甦る」700本（1800ミリリットル入り）は1カ月もたたないうちに売り切れた。メディアは「避難先で酒蔵を早々と再興した人物」として鈴木さんを紹介したが、地元からはねたむような声も聞かれたという。

長井市内で宴会場「中央会館」を経営し、震災前から浪江の鈴木酒造店を知る村田剛さんは

朝日山系の清流と、幻のコメでつくる「甦る」

「狭い地域で敵を作っても何も生まれない、とにかく地域で協力し合えるようにしないといけません」と言う。剛さんが注目したのは、「甦る」を搾ったあとの酒かす。これを市内二つの菓子店に紹介、たちまち商品化の道が開けた。

洋菓子店「ブランドォレ」代表の小松龍侍《りゅうじ》さんは「地域に根ざした商売をしたいという自分の思いに沿った話でした」と言う。小松さんは酒かすを使ったドーナツと焼き菓子のフィナンシェの箱詰めセットを1個700円で販売。これを機に酒米さわのはなの田植えを手伝うようになった。剛さんは「長井には鈴木さんや小松さんのように高い技術をもった人がいます。『甦る』を媒介に彼らがつながれば、必ず地域全体の活性化につながっていきます」と笑顔で語る。

日本酒文化を次世代に

鈴木さんが長井に移り住んで、丸2年がたとうとしている。今年5月に同市内外から参加した約60人の力を合わせて植えた約50アールのさわのはなの田んぼは、無事に稲刈りの時期を迎える。

酒を仕込む量は昨年の2倍、2回目の「甦る」造りの始まりだ。新天地での酒造りを通して日本酒のもつ力をあらためて感じたという鈴木さんは「みんなでさわのはなの田植えを手伝い、そこが自分の田んぼのように感じていますし、土地に対する愛着も出てきました」と話す。

鈴木さんは長井を含む近隣地域の酒造と協力、若者プロジェクトの立ち上げを夢見ている。

「剛さんの提案で、今年7月に置賜《おきたま》地域の1市3町の五つの蔵元杜氏で『五蔵会《ごくらかい》』を結成、そこで共通の目標をつくりました。それは、19歳の子たちがコメを育てて酒を仕込み、自分たちで造った酒を成人式に飲むというものです。日本酒を飲まなくなったといわれる若い人たちに、新しい価値観を見出してもらいたいです」

（2013年10月／文・上垣喜寛／写真・越智貴雄）

筆甫に生きる

宮城県丸森町／そのつ森

山村で見つけた可能性

三方を福島県に接する宮城県の南端に位置する丸森町。その山あいに「筆甫《ひっぽ》」集落はある。「渓流沿いの道を上って初めてここを訪れたとき、家路につく自分の姿が思い浮かんで。ああ、ここに住みたいなと思いました」と話すのは、東京生まれの太田茂樹さん。大学院での研究を辞め、この地に住みついてから19年になる。

太田さんは道路建設の反対など環境問題に関わってきた。この活動を通して抱き続けたのは、行政による計画の押し付けではなく、住んでいる人自身が自分たちの暮らしを描き、地域をつくりたいという思い。それが移住を決めた契機にもなった。東京のような巨大都市ではなく、農業や林業があって人とつながり合いながら生きる小さな地域でこそ可能に思えたという。

放棄された桑畑の開墾から始まった田舎暮らしは、無農薬でコメ、ダイズを栽培しそれらを加工するみそ工房の設置にまで発展した。なんとか生活費を確保する一方、都会と地元の懸け橋になりたいと、都会から訪れる人が集える場所を自宅につくり、移住を希望する人を見つけては地元に紹介、空き家のあっせんも積極的に続けてきた。

筆まつりに集う筆甫の人びと。2014年で17回目となった

豊かな山林資源に恵まれ、かつては炭焼きや養蚕で栄えた筆甫も、日本の経済成長とともにそれら産業が衰退し若者は次々にこの地を離れた。太田さんが移住する2年前の1993年は、集落に子どもが1人も産まれず、多くの人が危機感を募らせていた時期だった。

「こんなに人が少なくなって将来どうすんだって。何とか地域をアピールしようと筆甫の名にちなんだ〝筆まつり〟を始めたのもそのころだったね」。こう当時を振り返るのは代々この地に暮らし、先祖をたどれば江戸時代の初めにまで行き着くという庄司一郎さん。「まつりは大盛況でね。筆甫の将来に向けてまず一段、階段を上ったと思った。で、次何すっぺと考えたとき、やっぱり太田君みたいに筆甫が本当に好きな人に住んでもらうことだと思ったんだよ」。

そして太田さんたちIターン者を庄司さんたち地元が支えるNPO法人「ひっぽUIターンネット」が発足する。「地元の抵抗が全くなかったわけではないよ。でもほかに案はなく太田君たちは消防団でも活躍し本当に力になってくれる。それはすごい力」と庄司さんは言う。

同ネットでは、都会の人を招いての田舎暮らし体験ツアーなども企画、着実に移住者は増えた。農業のほかにもクラフト工芸、木工細工など移住者の職業は多彩で、それぞれの特技を生かし集落に貢献した。「Iターン者がこれだけ地元に密着して活動している例は珍しい」と県外からも注目される活動となった。

引き裂かれる思いのなかで

動き始めた筆甫の活性化を一変させたのが福島第一原発事故だ。事故当初は、原発の30キロメートル圏外へ出ようと、筆甫に隣接する福島県南相馬市から約200人が避難してきたが、集落は総出で迎え入れ、閉校した旧筆甫中学校を避難所に提供した。

しかし、同県飯館村の真北に位置する筆甫にも相当量の放射線が降り注いでいた。Iターン者の半分以上が筆甫をあとにし、移住の相談は事故以降、一切なくなった。

子ども4人の太田さん一家でも、妻の岩佐未弧さんが子どもたちを連れ、いったんは関東に避難した。「自分自身がこの地にとどまることに迷いはありませんでした。これまでお世話になってきた方々が年をとり、支えが必要だという時にいなくなるわけにはいきません。ただ、子どもたちをどうするかは本当に悩みました」と太田さん。当初は楽天的に構え一時避難のつもりだった未弧さんも、筆甫の外に出てさまざまな情報に接するなか、「本当に戻っていいのか」と大きな迷いを抱えた。「線量が高いといってもばあちゃんたちは土を耕し種をまいている、その姿は自然で美しいんです。この人たちを支えていきたい気持ちと子どもたちへの心配で身が引き裂かれる思いでした」と未弧さんは言う。鍼灸《しんきゅう》師としてこの地に住み、15年間子育てしながらお年寄りに接してきた彼女には、簡単に答えが出せる問題ではなかった。

悩み抜いた末、太田さんたちは家族そろって筆甫で生きていくことを選択した。「徹底して調べ、できることはする、本当に駄目と判断したら子どもだけ別に移そう」。そう覚悟を決め新たな暮らしをスタートさせた。作物の検査体制、除染、暮らしの立て直しなどもろもろの課題をこなすなか、何より「ここで子どもを育てていく上で親の責任としてできることをしよう」と、太田さんは「子どもたちを放射能から守るみやぎネットワーク」の代表を引き受け、健康被害を点検し支援する体制の整備に力を注ぐ。

しかし、移住する人のほとんどが豊かな自然を求めていただけに、事故は想像以上に大きなダメージをもたらした。22人いた「ＵＩターンネット」の会員は12人へと激減、活動は休止状態となった。「原発事故後は手の打ちようがないんだよね」と庄司さんはため息をつく。

もう一度、みんなで未来を描く

だが、不幸な事故の結果とはいえ人口700人余りの集落に200人の避難者を迎えたことが集落の大きな転機となった。「これだけの広さの旧中学校を何かに活用できないか」と検討委員会で話し合いを重ねた結果、福祉と交流の拠点にしていく構想が固まる。検討委員会の委員長を務めた太田さんは、メンバー有志とともに、施設建設と運営を担うNPO法人「そのつ森」を設立、新たな活動を開始した。その名は絵本作家・荒川良二さんの作品にちなんだものだ。「そのつ森」という森にすむ動物たちが空地利用をめぐって意見を出し合う物語が筆甫のいまに重なる。「いいねぇ、それ」とアイデアを出し合いながらみんなで未来を描いていきたいという願いが込められている。

Iターン者も含め理事は現在7人。太田さんが代表理事、庄司さんは監事として参加する。理事らがホームヘルパーの資格取得や福祉の研修などの準備を始め、今年の春から改修工事に入る。当面は風呂と炊事場、デイサービス機能を備えた交流スペースを整備、簡易宿泊施設や畑もつくっていく予定だ。とはいえ、国や自治体の補助も限られ、町による最低限の補修以外は当面自前の費用で進めるしかない。

高齢世帯が増え、身の回りのことができなくなり、遠くの施設に移らざるを得なくなる人も多くなった。筆甫のなかにそうした人を支えられる場があれば最後までこの地で暮らせる。

高齢世帯の見守りや交流の場にもなるというのが「そのつ森」構想。太田さんの近所に暮らす引地梅雄さん、かつよさん夫妻もこの施設の完成を楽しみに待つ。生まれも育ちも筆甫という80代後半の2人にとって、顔なじみとともにこの地に長く暮らせることは何よりの希望だ。

マイナスには終わらせない

「直接被害はなくても、孫が遊びにこなくなったり跡継ぎがいなくなったり。誰もが悲しい思いをしました。離れていった人も私ら以上に傷を負っているかもしれません。人が来なくなって、モノが売れなくなって、だからこそただそれにあらがっているだけでなく、新しい展開を始めなければ」と太田さん。「いつまでも放射能を理由にしてても前に進まないからな」と庄司さんたちも新たな体験ツアーの企画を始めた。地元であれIターン者であれ、残った者同士で、ともに何かを始めることで次に向かえる。これが筆甫の人が共有する思いだ。

原発事故があったことでこの地への思いを再発見したと太田さんは言う。自分を支える人や自然との確かな関係がある。これからの時代の可能性はそこにあるのかもしれない。痛みを負ったからこそ決してマイナスに終わらせず、可能性を発信し続けていこうと、筆甫の新たな歩みが始まっている。

（2014年2月／文・宮下睦／写真・長谷川健郎）

たとえ田畑やられても、海は「食」の宝庫なり

宮城県石巻市／民宿のんびり村

山に抱かれた「いのち」の湖

東日本大震災の大津波に見舞われ、70人以上もの児童が亡くなった宮城県石巻市立大川小学校。その学校区だった河北町長面浦《ながつらうら》に風花が舞う。眼前には鉛色の空と1本の舗装道路、その両脇にはところどころ黒々とした水たまりを残す荒涼とした大地が広がっていた。行き交う車は北上川の堤防再建現場から土砂を運び出す何台もの大型ダンプカーばかりだ。

ともに標高300メートル級の明神山と小渕山のふもとに位置し、両山の峰に抱かれるようにたたずむ長面浦は、山から湧き出す真水と追波《おっぱ》湾から流れ込む海水が入り交じった滋養分豊かな汽水湖または潟湖《せきこ》と呼ばれる。

「そりゃぁ多くのアマモが茂ってね、小魚がいっぱいで。ハゼやカニの一種のガザミもたくさんいて、まさに生命のゆりかごというにふさわしい浦ですよ」

仙台市在住で、全国各地の山村、漁村を訪ね歩いては村々の生活を記録、いまに伝わる暮らしの知恵や技を広く紹介してきた民俗研究家の結城登美雄さんが目を細めた。

結城さんが初めて長面浦を訪ねたのは25年前。陸側から見て浦の右岸にある尾ノ崎集落で半農半漁の生活を送りながら、民宿「のんびり村」を営む坂下健さん、清子さん夫婦と出会った。「肉類だけは買わないといけませんが、コメに野菜、魚も自前の暮らしがとにかく大好き。お茶っこ仲間（茶飲み友だち）もいっぱいいて楽しいですよ」と清子さん。「俺らが養殖している長面のカキの味は山の栄養がいっぱいで天下一品。森は海の恋人といいますが、あれは本当。うちの民宿に泊まったお客さんが口をそろえて『こんなにおいしいカキは生まれて初めて食べた』と言ってくれます」と健さん。寡黙な健さんがカキの話となると雄弁になった。そんな2人の姿に「長面の暮らしの豊かさを実感した」と結城さんは語る。

自宅を修理、漁業も再開

坂下夫妻の被災後を知りたくて長面浦に向かった。そのとき目にしたのは、148世帯が暮らしていた横山・長面地区が全滅、57世帯あった対岸の尾ノ崎は11世帯の住宅がかろうじて残った風景だった。清子さんが言う。「ここはね、明治、昭和、チリ沖地震のときも津波の被害がなかったの。だからだれもが津波が来ても大丈夫と信じていたし、避難訓練も半信半疑。でもね、参加しておいてよかった、助かったと心底思いましたね」。

当時88歳だった母親を連れて清子さんは避難場所に指定された近所の寺院に逃げた。周囲は一瞬で海水にのみこまれたが、不思議と寺は浸水せず、そこで3日間過ごしてから、ヘリコプターでつり上げられて救助された。「ばあちゃんはね、本当に丈夫だった。畑だって何だって自分でできた人。それが慣れない避難所暮らしがたたったのか、認知症を発症して施設に入り、昨年90歳で亡くなりました」。

被災時、母屋に隣接した物置で作業していた健さんも無事だった。母屋は1階部分の軒の高さまで海水に漬かったが「とっさに目の前にあったはしごを駆け上がり、2階に逃げたのがよかった」と笑う。

坂下夫婦が尾ノ崎に戻り、民宿「のんびり村」の再開に向けて動き出したのは、震災翌年の2012年。大急ぎで母屋の1階部分を修理し、カキ養殖の準備も進めた。こうしたなか、地域の住宅の高台移転が承認され、石巻市は建築基準法に基づき長面浦両岸を「居住禁止区域」に指定した。

居住禁止区域とは事業所や商業施設、作業場などの新設営業は認めるが、「建築申請が必要な住宅の建設は認められません。夜間の宿泊も認めていません。ただし、建築申請を伴わないリフォームだけは可能なエリア」と石巻市復興事業部は説明する。夜間の宿泊が許されないの

静かな湖面の向こうに長面の集落が見える。橋の向こうにあった集落は水没。
「それでもカキ養殖を続けたい」と働く坂下健さん

だから、民宿の営業はできない。「悔しいですが仕方ない。民宿が無理なら漁村レストランを続けたいのよ」と清子さん。「そうそう、だってここはいいところだもの。津波でやられちまったけど、こんな暮らしやすい土地はない。仮設住宅から15キロの道のりも苦にせず通ってカキ養殖を続けます」と健さんの言葉にも力がこもる。

揺れ動く思いのなかで

とはいえ、2人を見つめる周囲の思いは複雑だ。現在も仮設住宅で暮らす長面周辺の人たちのなかには家族や子どもを亡くした者も少なくなく、兼業農家の暮らしの厳しさに嫌気がさしていた者もいる。現地を歩くと「先祖代々の土地を懸命に守ってきたが、ここが潮時、別の土地に移り住む決断のときと考える人が大半ではないですか」と話す人がいた。「何もかも無くなってしまった。どうやって長面で暮らしていけっていうの」と問いかけられもした。

おそらく坂下夫妻の胸中も被災直後は同じだったろう。それでも半農半漁の自給生活の豊かさを手放したくないといち早く住宅と漁業の再建に取り組んだ夫妻。その立ち直りの早さを「自分だけ走ればいいというものではない。周囲に歩調を合わせる配慮に欠けた振る舞い」との非難もある。

すでに長面浦での暮らしをあきらめ、仮設住宅を出て仙台市の郊外に家を新築した人もいるが、「最初は新しい畳の香りがいいと喜んでいられても、とにかく知り合いがいないし、畑仕事もできないから何もすることがありません。そのせいでしょうか。長面へ帰りたい、見知った皆とお茶っこがしてぇ、おまえらは長面で漁ができていいなぁと言われることが増えました」と清子さんは言う。

〝支援慣れ〟の問題もあると健さん。「長らく支援物資などに頼っていると、いささか語弊はありますが、親鳥がえさを運んでくるのを待っているひなのように、自分が何もしなくても誰かが助けてくれる、何とかしてくれるという依存心が強くなってしまう気がしてなりません。それが私は怖いし、とても受け入れがたいです。だから自分でできることはとにかく自分でやりたいと動いたのです」。

坂下夫婦の願いとは裏腹に行政による復旧対策は遅々としたものだった。事業所・作業所の再開は認めるとしながら、尾ノ崎に電気が通ったのは被災から2年半が過ぎた昨13年8月になってから。いま（取材当時）も水道水は飲めないため、ペットボトル入りの水が欠かせない。

この点について石巻市復興事業部は「行政機能も甚大な震災被害に遭いました。とりわけ沿岸部の支所機能はマヒ状態が長く続き、市役所に復興事業部を立ち上げられたのが昨年8月でした。その後は全力で対応していることだけは忘れてほしくありません」と訴える。

何もかもが仙台市一極集中との批判も耳にする宮城県行政だが、第2の都市である石巻市の復旧は後手に回っているという印象がぬぐえない。

ましてや沿岸部の小さな漁村の暮らしはさらに後回しの感がある。

たとえ田畑がやられても

かつては幅20メートル、水深2メートル足らずだった長面浦の湾口は津波による被害と地盤沈下とで幅200メートル、水深20メートルになった。その海底に集落とともに沈んだ石碑には「海洋は無限の宝庫なり」の文字が刻まれているという。たとえ田畑が季節風による冷害で壊滅しても、村には食物を恵んでくれる海がある、そのことをゆめゆめ忘れず、山と海の民とが一つになった半農半漁で村の暮らしを守っていきなさいという先人の教えだ。

昭和30年代、長面浦を埋め立てて水田にする計画がもち上がった。これにより農民と漁師の関係は悪化、親子でも干拓問題をめぐっては対立が生じ、それが30年以上も尾を引いた。導き出された結論は「田畑はやられても、海の恵みは無限なり」の精神に立ち返ることだった。だから今後も仲たがいせず半農半漁で生きていこうと人びとはあらためて先人の思いを共有したという。

そんな村の暮らしが消えようとしている。「私らは長面浦を離れたくない、この豊かさを手放したくない、本当は皆がそう思っているはずです。そう私は信じています」と清子さんは静かに訴える。

（2014年3月／文・山田衛／写真・田嶋雅巳）

宮城県女川町／コミュニティスペースうみねこ

布ぞうりに託した希望

「うみねこハウス」を居場所に

仙台市から車を走らせ、宮城県第2の都市の石巻市を過ぎ、さらに約30分。東日本大震災の津波で壊滅的な被害を受けた女川町《おながわ》の中心部は、がれきこそ片付いたものの巨大な空き地の様相を呈している。その空き地の外れにある小さな店舗と作業所の窓には「うみねこハウス」と書かれている。

運営しているのは一般社団法人「コミュニティスペースうみねこ」。作業所には朝早くから4人の女性たちが集まり、布ぞうりをつくっていた。

同法人代表の八木純子さんは「原料は支援でいただいた着古したTシャツです。カギ針で編む手法は私たちが独自に考え、始めました。凹凸があるので履くと足裏を心地よく刺激するんですよ」と話す。

いまや女川の新名物として広く知られるようになった布ぞうりは、同じ色の組み合わせは二つとない〝一点もの〟。熱心にぞうりを編んでいた渡辺たけ子さんは顔を上げ、「この場所ができて本当に良かったです。みんなで布ぞうりをつくったり、お茶を飲んだりできます」。渡辺さんは水産加工会社で働いていたが被災し職を失った。幸い自宅は補修し住み続けることができたが、長年仕事をしていたために近所づきあいも少なく、自宅にいてもふさぎがちだったという。

2012年6月に「うみねこハウス」が建ち、在宅避難を続ける住民も集まれる場所ができた。ここではサンマの形のたい焼き「サンマ焼き」の製造販売も手がけ、平日も親子連れや工事関係者などが立ち寄るようになった。

生きがいと、自立のために

八木さんは女川町出身で、長年保育士として働き、その後、石巻で学習塾を経営していた。自らも被災したが、「私にもできることがあるはず」と避難所での託児サービス、ついで高齢者のデイケアサービスをボランティアとして続けてきた。

震災から3カ月が過ぎ、人びとが避難所から仮設住宅へ移り始めたころ、八木さんは状況の変化とともに支援のあり方を変えなければならないと感じるようになった。

「支援をいただいてという段階から、頑張って働きお金を得てものを買うようにと、被災者自らが経済的、精神的に自立するための活動が必要だと思いました」

大家族で暮らしてきた被災者が、仮設住宅では少人数に分かれて住まざるを得ないことも考慮し、「みんなで仮設住宅の集会場などに集まってもの作りができるよう、材料費がかからず高齢者もやれるものを」とさまざまな人の意見も聞きながら考え出したのが布ぞうりづくりだった。

八木さんと女川の女性たちの苦労が結実したのは、11年10月に神奈川県逗子市で開催された「逗子市民祭り」だ。

「100足の布ぞうりは完売し、八木さんは作った人たちに「こんなすてきなぞうりをつくってくれてありがとうと言われました。おばあちゃんたちが生きているから、このぞうりができたんですよ」と写真を見せながら報告した。

日ごろ、口癖のように「自分ではなく、若い人が生き残ればよかった」と話していた高齢者たちにとって、八木さんの言葉は、何よりの大きな励ましとなった。

当初は7人から始めた布ぞうりづくりは、いまでは40人に。布ぞうりに加え、なべ敷きやコースター、ランチョンマットやはし入れなども手がけ、より多くの人が作業に関われるようアイテムを増やしてきた。さらに自発的な創意工夫も目立つようになってきたという。

初めてのことでも臆せず挑戦

自らも仮設住宅で暮らす女川町長の須田善明さんは、八木さんたちの活動を次のように評価する。「いろんな方の参加を促しながらたくさんのご縁を結び、被災し、仮設で過ごしている皆さんの日々の目標を作っていただいていると感じています」。

現在、「コミュニティスペースうみねこ」の取り組みには男性の参加も広がっている。「うみねこハウス」から車で10分ほどの高白浜《たかしろはま》地区は八木さんの実家があった集落だが、津波で壊滅した。実家の倉庫と庭先の2本のイチジクの木だけが枯れずに残ったのを見た八木さんは「天啓と感じ、自宅の敷地は畑にしようと決めた」と言う。開墾した土地でイチジク、トウガラシ、ニンニクを栽培、男性4人が農作業を行い、「防鳥ネットを張るときなどに元漁師の経験が役立つ」と顔をほころばせる人もいた。

2階の中ほどまで津波をかぶった倉庫は改築、「災害危険区域」に指定されているため宿泊はできないが、日中は農産物の加工やカフェなど、多目的に使うスペース「ゆめハウス」とした。今後、かさあげ工事のため撤去予定の「うみねこハウス」の活動を引きつぐ拠点になる予定だ。

改築費用などはクラウドファンディング（インターネット経由で広く出資を募る方法）で呼びかけて集めた。初めてのことでも臆せず挑戦するのが八木さんの信条だ。

一緒に生きていく

八木さんは、布ぞうりなどを持って、週末ごとに全国各地を訪ねる日々を続けている。

首都圏が大雪に見舞われた今年（２０１４年）２月には、逗子市で地元の中高校生が主催した女川のサンマのすり身を使った料理交流会に参加した。６歳から70代の老若男女60人を前に八木さんは、震災から３年が過ぎたが、復興住宅を建てるには宅地造成が必要であり、あと５年は仮設暮らしを余儀なくされることを伝えた。

さらに高齢者から「私たち、仮設で死ぬんだね」と言われるたびに「私、おばあちゃんの寿命を延ばすことも、家を建てることもできません。でも、できることはあります。一緒に楽しんだり悲しんだりすることです。だから一緒に生きていて良かったという日をたくさんつくりましょう」と言葉を返しているという。

料理交流会の主催者代表で高校生の藤田雛衣《ひなえ》さんは「被災の記憶を風化させないために今後も逗子で私たちができることをやりたいし、いつか女川に行きたいという思いも強くなりました」。

逗子市では社会福祉協議会が被災地を訪ねる12回のバスツアーを実施、「コミュニティスペースうみねこ」とも継続的に関係を築いてきた。

こうしたなか、こんな出来事があったと八木さんは話す。

「先日、東京のテレビ局の取材を受けたんです。そのことを伝えたら支援ボランティアの皆さんが『やったね』と喜んでくれて。うれしかったですね」

5年後、10年後の女川の姿はだれにもわからないとしながらも、「全国に女川ファンをつくりたい」と八木さん。「生きていくには生きがいが必要です。震災前と同じものは取り戻せないのだから、新たに自分たちで思いを寄せ合うところから築いていくんです。初めの一歩は大変ですが、踏み出すことで新たな道が広がるし、それが周りにもいい刺激になっていくと感じています。そんな時間を一日でも長くもてたらいいなと私自身は思っています」と力を込めた。

（2014年6月／文・高橋宏子）

原発事故後に直売所

福島県三春町／直売所「えすぺり」

苦悩を人形劇で

人形劇団「赤いトマト」の公演が２０１４年2月下旬、福島市松川町にあるさくら幼稚園で行われた。劇団といっても、団員は同県田村市船引町で有機農業を営む大河原多津子さんと夫の伸さんの2人だけで、毎年冬の農閑期に公演を行ってきた。結婚した年に劇団を結成、来年で30周年になる。

公演では、黒装束の多津子さんが鼻息ばあちゃんという人形を操って登場。「あたしゃ、鼻息ばあちゃん。元気ややる気を鼻の穴からふぁ〜」と言うと、会場は爆笑の渦となった。「ふだんは田や畑を耕しているお百姓さんだぞい。冬になると皆の所に遊びに来るの」

この日の演目は「さすけね吾一」や「ペンギンさん」など。「さすけね」は田村地方の方言で大丈夫という意味で、貧乏な男が1本のわらをミカン、反物、馬と次々と交換し、屋敷と田畑を借りて豊かに暮らすという筋書きだ。民話の「わらしべ長者」が種本だが、最後に屋敷や田畑を持ち主から受け取らないところが原作と違う。多津子さんは「大事なのは愛と勇気と少しのお金というのがメッセージ。園児の反応はすごくよかった」と笑顔を見せた。

さくら幼稚園理事長の齋藤悟さんは「プロの人形劇を見せたいと思い、毎年来てもらっている。これなら楽しいだけでなく、園児たちも集中して話がきける」と話す。

チェルノブイリになった

２０１１年3月11日、田村市は震度6弱の揺れに見舞われたが、大河原家の築１４０年の自宅は土壁が落ちる程度の被害で済んだ。ところが、テレビを見ると津波の惨禍が映っていた。さらに、福島第一原発1号機が爆発するのを見て、多津子さんは腰が抜けたという。

さらに3月15日午後、自宅に設置してあった放射能測定器のアラームが鳴り、数値が一気に上昇。最高で毎時9マイクロシーベルトを記録した。家族6人で車に乗り、郡山市の友人宅に避難したが、やはり数値が高い。翌日、自宅に戻ると夫と義理の母は「もう、どこにも行かず、家にいる」と言った。しかし、テレビに映った原発からは白い煙が上がっていた。多津子さんは子ども3人を連れて再び友人宅に避難。新潟県の佐渡島に渡ろうとも考えたが、「ばあちゃんを置いてはいけない」と訴える子どもたちの思いを受け入れ、自宅に戻った。「恐くて、恐くて。10日ほど動悸《どうき》が止まらなかった」と多津子さん。

人形劇団「赤いトマト」の大河原多津子さん（右）と夫の伸さん

原発事故から1カ月後、国際非政府組織（NGO）「グリーンピース」のメンバーが土壌や農産物の放射能測定にやって来た。自分たちは普段着なのに、ドイツ人やベルギー人のスタッフは白い防護服に身を包み、使い捨ての手袋を二重にはめて土や野菜を採取した。それを見て、多津子さんは「この土地はチェルノブイリになったんだ」と思った。測定した結果、青菜からは1キロ当たり2万ベクレルを超えるセシウムが検出された。ところが、そのスタッフに「ここで耕作できるだろうか」と尋ねると、意外にも「できると思う」という答えが返ってきたという。

それでも葉もの類の栽培はあきらめ、ジャガイモやトマトなどを作ることにした。結果、数値が一番高かったトマトでも1キロ当たり12ベクレルと、当時の国の基準値の５００ベクレルを大きく下回る値だった。大河原家では郡山市などの消費者65世帯に野菜を販売していたが、測定結果を正直に知らせたところ、顧客の３分の2を失った。

「希望」を開店

地域の農産物直売所でも、品物が売れなくなり、作り手の女性たちが困っていた。このため、多津子さんは12年4月に販売グループを結成、測定したセシウムの値と使用した農薬などの生産履歴を開示して販売する活動を始め、13年1月には株式会社「壱から屋」を設立した。現在は田村市周辺の25軒の農家と県内15の加工食品業者が生産した野菜やコメ、パンなどを、毎月1回、北海道から熊本県まで約１４０カ所に発送している。

同時に、有機農業を理解してくれる消費者向けの直売所がほしいと、12年9月から土地を探し始め、三春町の国道沿いに約４００坪の土地を借りることができた。ところが、設計や地鎮祭の日程まで決まった時点で日本政策金融公庫に貸し付けの申請を出すと「1円も貸せない」と言う。「ビジネスの経験がなく、自己資金もないというのが理由で、奈落の底に突き落とされた感じだった」と多津子さんは振り返る。

そこで、友人や知人に資金提供を呼びかけたところ、約3千万円が集まり、13年7月の開店にこぎつけた。店名は、エスペラント語で希望を意味する「えすぺり」。カフェも併設し、人形劇やライブ、絵画展などの会場としても使われている。

常連客の渡部美恵さんは「ベクレル表示がしてあるので安心。スタッフが明るいので、店に来ると自然に笑顔になる」と言う。また、野菜や菊を栽培し、えすぺりで販売している三春町の佐藤貞夫さんは「小ぶりのダイコンなど、珍しくておいしい野菜を出して顧客を増やしたい」と意気込みを語る。

太郎と花子

劇団赤いトマトの新作として、多津子さんが13年2月から上演を始めたのが「太郎と花子」だ。太郎と花子は結婚後、原木シイタケの栽培を続けてきたが、原発事故が起きたため、丹精込めて作ったシイタケ4トンと原木5万本を廃棄。布団のなかで「私たちは何か悪いことをしたのだろうか」と泣く。田村市に住む仲間の宗像幹一郎さん、基子さん夫妻の実話をもとにつくったオリジナルのひとり芝居で、今年（14年）3月11日には、東京・渋谷でも上演した。

「田村の農産物をたくさん売って仲間たちに元気になってもらいたい。農業を捨てなくてよかったと思ってもらえるように会社も店も軌道に乗せていきたい」と話す多津子さんは今年、還暦を迎え、初孫も生まれる。えすぺりを拠点に「やれることは何でもやろう」と覚悟を決めている。

（２０１４年７月／文・瀧井宏臣／写真・田嶋雅巳）

福島県いわき市／いわき海洋調べ隊うみラボ

いわきの「海」を伝えたい

自らの手で事実を知る

「いわき海洋調べ隊うみラボ」は２０１３年末、福島県いわき市内に住む小松理虔《りけん》さん、八木淳一さんらが立ち上げた。これまでに4回、東京電力福島第一原子力発電所周辺の海域に船を出し、海水、海底の泥、魚などを採取、計測する活動を行ってきた。「東電も県も漁協もデータは出しています。でもその数字に実感がもてません。いわきの海はどうなっているのか、市民の立場からその実態を知りたいと思って始めました」と小松さんは言う。

原発沖まで一行を運ぶのは同県富岡町出身の石井宏和さんが運行する「長栄丸」。漁師をしながら釣り船を営んでいた石井さんが地震後すぐに沖に逃し、富岡漁協で唯一残った漁船だ。避難生活を強いられ、何のために船を残したのかと悩んだ石井さんだが、多くの人に現状を見てほしい、伝えていきたいと小松さんたちの活動に加わった。

ほかにも、地元の人気水族館「アクアマリンふくしま」の獣医師で、海洋生物専門の富原聖一さん、千葉県柏市で農産物の基準値を農家、消費者双方から考えるプロジェクトを進めてきた筑波大学准教授の五十嵐泰正さんなど、多くの専門家がそれぞれの分野でこの活動を支えている。

海と魚を知り、わかる安心

4回の調査を経て見えてきたことがいくつかある。海水からはほとんど放射性物質は検出されず、海底の泥は200〜400ベクレルほど。原発からの距離を考えれば陸地に比べ相当低い。魚はヒラメ、アイナメを中心にこれまで8体を計測、基準値を超える138ベクレルのものが1体、ほかは0(検出せず)〜45ベクレルだった。事故直後には「アイナメから数万ベクレル検出」などの報道もあり、海底にとどまる性質の魚はかなり値が高いという印象があっただけに、この結果はメンバーには意外だった。

獣医師の富原さんによれば、事故直後、大量の高濃度放射性物質が放出された際に魚がどこにいたか、その後何を食べ、どう動いたのかが数値に関係してくる。たとえば体長50センチ以下のヒラメは事故当時は生まれていないので事故直後の影響がなく数値は低い。また50センチ以上でも遠くから泳いできたものや汚染されていないえさを食べ排出がうまく進んだものもそれほど高くはない。ただ、湾内と外洋との魚の移動防止が万全とは言い切れず、対策以前に湾内にいた可能性も含め、50センチ以下でも汚染度の高い魚はいる。

「事故直後の放出量がいかにすごかったかがわかります。それに比べれば現在の状況は思ったより影響が少ないのかもしれません。今後50センチ以下のヒラメを継続して計測していけばそれがはっきりします。逆に万が一急に高い値がでるようなことがあれば何らかの異常が起こっているわけで、東電への監視機能にもなります」と小松さん。同様にほかのメンバーも今後の調査の意義を確認する。

計測と探求を続け、ネット上でも反響を呼ぶなか、なぜ既存データが信用されなかったのか、その理由も見えてきた。同じ数字でも東電や行政が出す数字はし意的なものと見られがちだ。誰が出す情報かによって信頼度は変わってくる。また、魚の生態や海流の動きを知ることで、なぜその値になるのか納得でき、それが安心につながると実感した。

これらを踏まえ「同じ不安をもつ市民が魚や海の情報とセットで結果を発信することで、行政のデータを点検できるのではないか」と小松さんはこれからの方向性も口にする。

いわきからの発信

調査開始から半年を経たいま、メンバーには当初の目的以上にわかってきたこともある。

調査船が出発し最初に見えてくるのは広野の火力発電所。次に見えてきた、いまはだれも住んでいない富岡町中心部のすぐ手前に、福島第二原発がある。かつてはいわき市郊外に常磐炭

小松理虔さん。手にしているのは、原発沖1.5キロ地点でつり上げられたヒラメ

鉱があり、廃坑後は小名浜港に海外からの輸入石炭を貯蔵するコールセンターがつくられた。そしていまは楢葉町の沖合20キロに浮体式洋上風力発電所「ふくしま未来」が建設され、国による自然エネルギー研究プロジェクトが進められている。

「過去から未来まで、ここはエネルギーを考えるには最適の地なんです」と小松さん。安定的に良質なエネルギーを東京に届けてきた浜通りの歴史を決して東京の犠牲ととらえるのではなく、人びとの生活を支える重要な役割を担ってきた地域だと堂々と伝えていきたいという。

今後は廃炉に向けての作業もこの地で行われる。老朽化する原発が増えるなか、廃炉の技術や経験もこれからの世界に役立つはず。それも福島の力にして全国に伝えたいという。

この地域だからできることの良さをみつけ発信していくことは震災前から考えていたが、「うみラボ」の活動を通しその思いはさらにはっきりとした。被災地だけでなく、日本のどこにでもある地方と中央との構造的な問題を一歩先に進め、編み直していくきっかけにもなるのではないかとうみラボのメンバーは考える。

「何より知らないことがわかるのは楽しいんです。深刻で大変な活動は長続きしないから」と笑う小松さん。厳しい現実に向き合いながらも、新しい可能性もまた福島から発信されようとしている。

（２０１４年11月／文・宮下睦／写真・尾崎三朗）

ふるさとを一面の花畑に

福島県浪江町、南相馬市／サラダ農園

福島県南相馬市原町区。野馬追祭りの会場からほど近い町並みの一角に「サラダ農園」の原町農場がある。1月初旬、作業小屋では、小豆の選別が行われていた。5人の青年が黙々と一粒一粒虫食い穴などがないかを確認しながら選り分けていく。

「サラダ農園」は、障害などで通常の就労が困難な人に、雇用契約に基づき働く場を提供する「就労継続支援A型事業所」だ。

就労者は毎日午前9時～午後3時まで昼休みをはさんで畑で作業に精を出す。社会保険にも加入、収入は高い人で月10～11万円程度という。「働く時間を延ばして、一般就職につなげたい」と意欲を見せる辺見秀樹さん、「豆の選別はきつい」という佐藤伸孝さん、「種まきが得意」という古内政希さん、「外で働くのが好き」という大浦祐介さん、「苦手だけどがんばっている」という杉岡一騎さん。それぞれが穏やかな笑顔を見せる。

人が交じり合って

「サラダ農園」を運営するのはNPO法人「Ｊｉｎ」。同県浪江《なみえ》町に2005年に設立され、高齢者のデイサービスやリハビリ施設、発達障害がある子どもが通う施設を同じ敷地内で運営する。100人分の昼食用の野菜は、隣接する畑でスタッフらが無農薬、無肥料で栽培して賄ってきた。「心身のバランスを崩した人も畑で一緒に働くと調子がよくなります。自然にはバランスを取り戻す力があるんです」と代表の川村博さんは言う。

しかし、11年の原発事故で浪江町からの避難を余儀なくされた。避難直後からＪｉｎは被災者の支援活動を開始、翌12年4月には福島県からの委託を受け、避難生活を送る障害者の活動の場として「サラダ農園」を開設した。その名には「サラダのようにいろんな人が交じり合って地域が豊かになる」との願いが込められている。

13年4月からは法律に基づく障害者支援の施設として新たなスタートを切った。同時期、浪江町の避難指示解除準備区域が再編され、日中に限定されたものの、以前の敷地への立ち入りが可能になった。「ふるさとが荒れ果てていてはならない」という強い思いがあった川村さんは、美しい景観を維持するのは農の営みだと、避難指示の再編と同時に浪江町農場を再開。現在はスタッフが南相馬市から作業に通っている。

厳しい現実のなかで

原町農場は原発から30キロ圏内、浪江町農場は10キロ圏内に位置する。福島県発表の測定値によると、15年1月現在、空間線量はどちらの農場付近も毎時0・25〜0・5マイクロシーベルト程度で、周辺にはさらに高線量の場所もある。国際放射線防護委員会（ＩＣＲＰ）の勧告によると、平常時の年間追加被ばく量の限度は1ミリシーベルト。環境省では、この値に相当する空間線量を毎時0・23マイクロシーベルトと換算し、それ以上の値の場所を除染実施区域の要件としている。現在、南相馬市も浪江町も除染作業中だ。

「サラダ農園」の空間線量は、県に測定を依頼した結果、原町農場はどこも毎時0・1マイクロシーベルト以下、浪江町農場は毎時0・2マイクロシーベルト以下だった。測定はいまも定期的に継続している。

立ち入りの制限が続く浪江町では、時おりモニタリングポストで高い数値が計測される場所が1カ所だけあるが、周辺からは検出されないため、誤作動と見なされているという。だが川村さんは「放射性物質はまんべんなく広がっているのではない。誤作動ではないのでは」と厳しい現実を直視する。

作物については、検出限界値1キログラム当たり数ベクレルの精度で測定を続けている。ほぼ不検出だが、原町農場では、時おり数ベクレルから数十ベクレルの値が検出されることもある。

川村さんは「地形上、飯舘村（福島県）などでの除染作業で舞い上がった放射性物質が風で運ばれてきているのではないか」と推測し、検査結果に目を光らせている。

さらに、昨年（2014年）8月にはこれまですべて不検出だった浪江町農場の野菜から、突如100ベクレルを超える値が検出された。後に福島第一原発でのがれき処理があったことがわかった。その後は再び不検出となったものの、浪江町は野菜の出荷を自粛、「サラダ農園」の浪江町農場も出荷用作物を切り花に替えた。

花に託す夢

南相馬市では昨年から近くのスーパーで農場の野菜を販売しているが、売れ行きはよくない。高齢者ほど地元の野菜は買わず、若い人は検査されていることは知っているが、夕方値引きされてからしか買わないのだという。委託販売のため売り上げは種代にもならない。

それでも「3年くらいかかるだろうが、南相馬の野菜をみなさんが買ってくれるようになるまで続けたい」と川村さん。

現在、サラダ農園の売り上げの3分の2は浪江町農場の切り花によって得られている。専門家から栽培方法や品種についての助言を得て研究を続けているほか、東京の大田市場で細かな

「農地除染」ののぼり（南相馬市内の水田）

ニーズをリサーチするなど工夫は欠かさない。女性スタッフらの努力もあり、浪江町農場の切り花には高値が付けられているという。

「花には人を元気にする力があります。トルコキキョウを県のシンボルとなる花に育てたい」

川村さんたちはいま、美しい花に夢を託している。

（２０１５年３月／文・市川はるみ／写真・永野佳世）

2 エネルギー自給で地域を興す

みんなの力で電気を

北海道浜頓別町、京都市／グリーンファンド

反対から提案へ　市民風車誕生

日本の市民風車第1号「はまかぜちゃん」は、北海道浜頓別町《はまとんべつ》のオホーツク海沿岸に立つ。市民による発電所づくりの先駆けとなったNPO法人「北海道グリーンファンド」が、ここに風車を建設したのは2001年。

チェルノブイリ原発事故が起きた1980年代後半、人びとが原発への危機感を募らせるなか、北海道では泊《とまり》原発の稼働に加え、幌延《ほろのべ》町への核廃棄物処分場建設が計画されるなど、次々と原発推進の動きが起きた。こうした反対運動は北海道全土に広がり大きな盛り上がりをみせるが、結果として泊原発稼働を阻止できず、運動はこう着状態に陥ってしまう。

「これまでの運動では太刀打ちできないとみんなで悩んでいました。でもそんなときって、考えもしなかったことを思いつくんですね」。道内で反原発運動に取り組んでいた生活クラブ

北海道の当時の理事長、杉山さかゑさんはそう振り返る。

組合員が発した「食べものと同じように電気も選べればいいのに」の言葉をきっかけに、自分たちで納得のいく電力をつくろうという発想がうまれた。「反原発は言い続けてきたけれど、じゃあ電力をどうするのか。対案がない運動は苦しくて。自然（再生可能）エネルギーで電力をつくり共同購入するのはまさに私たちの脱原発運動と思いました」。

制度や法律、欧米の事例などの本格的な勉強を始め、道内の市民全体に働きかけて、ともにすすめていこうと、生活クラブ北海道を母体に立ち上げたのが北海道グリーンファンド。節電の工夫で節約した電気料金を自然エネルギー発電所建設の基金にしようという呼びかけからスタートし、市民出資による本格的な風力事業へと発展した。関連会社と連携し、自然エネルギーに賛同する全国の市民から出資を募るしくみを整えることで、億を超える資金調達と事業運営が可能になった。このモデルは以後、各方面へと広がっていく。

小さくても広く確実に

同じ時期、北海道グリーンファンドの活動に触発され、京都にも「グリーンファンド」が立ち上がった。２０００年に設立された、ＮＰＯ法人「きょうとグリーンファンド」だ。事務局長の大西啓子さんは「節電した分のお金を自然エネルギーに使うという発想に共感しました。市民が少しずつお金を出し合い電力をつくる、電力を取り戻す活動ですよね。これなら京都でもできる、とすぐに準備会を立ち上げました」。

さっそく市民や企業によびかけ「おひさま基金」（寄付）を募り、そのお金を活用して地域の施設への太陽光発電設置を支援する活動を始めた。翌年には「おひさま発電所」第1号を設置、その後、年に1、2カ所のペースで建設をすすめ、現在京都府下で15基が稼働している。寄付は1口3千円、会費は年間6千円から。ポケットマネーで参加できる等身大の活動だ。

「京都という都市部では風車といってもピンとこないし多額の資金が必要です。『暮らしを見直すなかで毎月500円なら節約できる、工夫して参加して』とよびかけようと太陽光発電にしました。より多くの、幅広い層に広げたかったんです。小さくても目の前のことを確実に変えていくことで、そこに関わる人が変わっていきます」

第2号の設置が保育園だったこともあり、その後の方向性はより明確になった。保育園、幼稚園を中心に設置し、これを活用して節電・省エネに配慮した暮らし方を子どもたちに伝えるという環境学習へのサポートも行う。

設置を希望する園とグリーンファンドがプロジェクトを結成、およそ1年かけて自然エネルギーや省エネ・節電について学びながら寄付を募り補助金を確保、自己資金も出して建設を遂行し、設置後は環境学習をすすめる。発電によって得られる収益の一部を寄付としてファンドに還元し、次の設置のための基金とするしくみも、市民共同発電所の担い手としての意識を広げていくのに役立っているという。

自然幼稚園の子どもたち

地域の資源を電力に

事業規模や資金力にちがいはあるが、双方に共通するのは「暮らしに必要な電力を、国や電力会社任せにせず、自分たちで賄いコントロールしたい」という思いだ。

札幌市に拠点を置く北海道グリーンファンドは、全国に12基ある市民風車事業を支援するが、それぞれ風車立地地域のＮＰＯ法人との連携を重視する。第1号となった浜頓別町では、風車建設を契機に「はまとんべつ『自然エネルギー』を考える会」が結成された。「原発に頼らず自然エネルギーを考えたいと思っていた矢先、風車建設の声がかかったんです」と会長の鈴木芳孝さん。もともと隣接する幌延町の核廃棄物処分場計画の反対運動などを通じて北海道グリーンファンドの杉山さんたちとは交流があった。「昔は風力や水力で自家発電する農家も多く、自給の工夫をしていたんですよ。酪農や漁業の町だから牛ふん、ホタテの殻なども利用できる。もう一度浜頓別の文化を取り戻し町の資源でエネルギー自給を実現しようと思ったんです」。鈴木さんが言うように、風車の存在が、自然エネルギーによるまちづくり構想を促した。

京都でも自らの電力を考える主人公は、園の保育士、子ども、保護者たちだ。04年に設置した京都市山科《やましな》区の陵ケ丘《りょうがおか》保育園では環境学習の担当保育士を配置し、年に数回の環境イベントや日常的な指導を行う。園長の中村かよさんは「電気代、水道代が目に見えて減ってびっくりしました」と言う。毎日太陽光パネルを見てその意味を伝えることで、お日さまががんばって電気をつくってくれるから大事に使おうという気持ちが育つ。「どこかでだれかがつくってくれた電気は、知らないうちにどんどん使っちゃうけれど、自分たちでつくればその限界もわかるし大切に使おうと思うんですね」とは、きょうとグリーンファンドの大西さんの実感だ。

制度の壁を超えて

「太陽光、バイオマス、小水力で風車を補完する。自然エネルギー100％はこの町で絶対できるはずなんですよ」と鈴木さんは残念そうに言う。構想はあるものの浜頓別町のエネルギー自給がいまだに実現できていないのは、いくら発電しても北海道電力が買ってくれないからだ。現在は電力会社が送電網を独占しており、発電量が不安定という理由で自然エネルギーの買い取り枠を限定できる。このため北海道では、1年間に建てられる風車数が限られ、希望者は待機、毎年抽選で決定されるのが実状だ。

同様の問題は京都にもある。設置費用の柱の一つは補助金で、その有無に活動は左右される。だが、補助金は恒久的にあてにできず、大西さんたちはこれに頼らないしくみを求め、新たな試みにもチャレンジ。地域を主体に長期的に多くの人の寄付を募り、まちづくりの一環としての太陽光発電設置をよびかけた。

今年（2012年）7月、再生可能エネルギーの固定価格買取制度※がスタートしたが、自然エネルギー普及のために十分機能するのか、まだ課題は多い。

それでも市民共同発電所に関わる人びとはみな、「今後のエネルギー政策は自然エネルギーを中心に据える方向にいかざるを得ない」との確信を口にする。チェルノブイリ原発事故以降、粘り強く代替案を提案、実践してきた人びとにとって、東京電力福島第一原発事故は痛恨のできごとだった。だからこそ、再生可能エネルギー関連の制度の不備や原発再稼働の動きなどにも、立ち止まってはいられないという思いが強い。事故後、市民共同発電所づくりへの問い合わせや共感の声も増えている。

（2012年8月／文・宮下睦／写真・尾崎三朗）

※再生可能エネルギー固定価格買取制度

再生可能エネルギー（太陽光、風力、水力、地熱、バイオマス）で発電された電気を、国が定める固定価格で一定期間電力会社に買い取りを義務づける制度。買い取りに要した費用は電気料金の一部として国民が負担する。再生可能エネルギーの普及拡大を主な目的として、2012年7月にスタート。制度導入後、天候によって出力が変動する太陽光発電の急増により、電力会社の送配電網に支障が生じる可能性が出てきたこと等を理由に、電力会社が新規契約を中断するといった問題が発生。電力会社が恣意的に接続を制限しているのではないか等の疑問が出され、制度設計の見直しが行われている。（編集部）

自然エネルギーはだれのものか

岩手県葛巻町／クリーンエネルギーのまち

自然エネルギー100％をめざすまち

東北一の酪農郷である岩手県葛巻町《くずまき》は、自然エネルギーの先進地としても知られる。ここでは、およそ7300人の人口を上回る約1万1000頭の乳牛が飼育されている。明治以来、営々と切り開かれた高原の牧場では牛が草をはみ、上空を吹き抜ける風を受けて白い風車の羽が回る。二つの牧場に建つ15基の風車だけで、町内の年間消費電力量の2倍の電力を生み出す。

乳牛のふん尿もエネルギーに変わる。葛巻町畜産公社が運営する「くずまき高原牧場」では、ふん尿を発酵させてエネルギーに変換するバイオガスプラントを導入している。

町面積の86％をおおう豊かな森林はかつて、木材よりまきや木炭というエネルギーとして利用されていた。第2次石油危機のさなかの1981年、製紙用チップを生産する葛巻林業は日本で初めて木質ペレットの開発に成功。細々と受け継いできたこの技術が再評価され、町内外で広く用いられている。

太陽光発電も普及している。町がすべての公共施設に太陽光発電システムを導入したことが呼び水となり、自宅の屋根にパネルを乗せる家庭も増えている。

「クリーンエネルギーのまち」として脚光を浴びる葛巻町は、環境エネルギー教育や省エネルギーにも力を入れ、電力だけでなく、熱や輸送分野を含む100％を自然エネルギーで賄う目標を掲げる。その高い理念と、一つの町で多様な自然エネルギー施設を見学できることが魅力となり、自治体関係者などの視察が後を絶たない。

3基の水車でコミュニティー・ビジネス

葛巻町には、大正時代に建造された動力水車を使い続けている集落もある。この町の冷涼な気候は、コメよりむしろそばなど雑穀の栽培に適している。住民は資金を出し合って共有水車を建設し、そばの脱穀と製粉に利用してきた。同町内の55世帯の江刈川集落には、いまも三つの水車小屋がある。

この集落に住む高家《こうけ》卓範《たつのり》さんと章子《しょうこ》さん夫妻が、水車とそばによる地域おこしを集落の人びとに提案したのは30年前。しかし、鉄道も温泉もない山間の地に、日常食であるそばを食べに来る人がいるとはだれにも思えない。事業を担う女性たちが家族の賛同を得るまでに10年の歳月を要した。

集落を流れる元町川から取水した水をといで導き、水車を回す。その回転運動は、心棒を通して水車小屋に設置されたきねに、そして石臼に伝えられる

江刈川では石臼の内部に溝を切る「目立て」は男性の、粉ひきは女性の仕事とされている。高家卓範さんも石臼の目立ての技術を受け継いだ

92年、「森のそば屋」をオープンすると、水車びきの粉を手打ちするていねいな味が口コミで広まった。その5年後には農家レストラン「みち草の驛《えき》」を開業。伝統の郷土菓子や季節の野菜を盛岡市などで販売する産直にも乗り出した。

集落には年間約2万人の客が訪れるようになり、二つの店の売り上げは1億円を超えた。集落ぐるみのコミュニティー・ビジネスの成功はそばをはじめとする農産物の需要を拡大させ、集落の農地は季節ごとの作物で彩られるようになった。二つの店で働く人は35人、そばをはじめ農作物を納入する生産者は65人と、多くの人に新しい収入の道を開いた。

3基の水車は、そばを脱穀 - 製粉する物理的なエネルギーと、集落に生きる住民の生きがいをも生み出す「コミュニティー・パワー」となった。

自らエネルギーを生み出す喜び

かつて日本では、水の流れるいたる場所で水車が利用されていた。江刈川の水車小屋を見学する人の多くもこう口にする。

「うちにも昔はあったんだよね」

各地で水車が姿を消しても、江刈川ではなぜ建て替えの費用を負担し、粉ひきの手間を惜しまず、水車を使い続けてきたのか。その理由を章子さんはこう明言する。

「それは、この江刈川の人びとが、水車びきの粉で打ったそばがどんなそばよりおいしいことを知っていたからです」

失われゆくものを、ただかたくなに守り続けてきたのではない。極上のそばを味わう喜びのために、水車は必要だった。

そば屋のいろりでは木炭を、農家レストランではまきストーブを使う。高家さん夫妻の自宅も、まきのオンドル式床暖房。屋根には太陽光パネルも設置した。水力、バイオマス、太陽光という自然エネルギーを活用することで、東日本大震災で停電が続いたときにも営業を継続し、電力の供給が途絶えた町内外の店に食料を供給し、被災した沿岸部で炊き出しを行うことができた。与えられたエネルギーをただ消費するのではなく、自らエネルギーを生み出す喜びを、卓範さんはこう語る。

「15年に1度の水車の建て替えが終わり、みんなで集まってお酒を飲み始めると、次の水車のたいこ（水輪）は誰の山の根曲りのマツを使おう、心棒には誰の山のナラがいいと、完成した当日から15年後の建て替えの話で盛り上がるんです」

コミュニティー・パワーとは

2012年7月1日から自然エネルギーによる電力の固定価格買取制度が始まった。自然エネルギー発電がビジネスとして成り立つようになったことで、異業種から発電事業への新規参入が相次いでいる。資本と技術力のある企業の誘致に乗り出す自治体も少なくない。こうした動きを受け、今年度だけで250万キロワットと見込まれる自然エネルギー発電の導入量は、8月末までの2カ月だけで大型原発1基分に相当する130万キロワットに達し、目標の5割を超えた。

しかし、地域外の大企業による発電事業では、地域で生み出されるエネルギー収入のほとんどを地域外に流出させることはあまり知られていない。12基の風車から成る葛巻町のウィンドファームの事業主体は、東京に本社をおく大企業。風況によって異なるが、年間6億円と推定される売電収入は東京に還流し、町には土地借料や固定資産税など約2000万円が入るにすぎない。この構造は全国で変わりがない。

これに対して江刈川集落では、住民が資金を出し合い、地域の山の木で水車を造り、水の流れで水車を回す。地域を知り尽くした住民がその英知でエネルギー資源・資本・資材・技術を結びつけ、生み出した利益を地域に再投資している。

エネルギー政策は自然エネルギーの拡大へとかじを切った。だが、自然エネルギーはだれのものなのか、自然エネルギー資源を生かして、経済的にも持続可能な地域を築く「コミュニティー・パワー」にするにはどうすればいいのかという問題はおきざりにされている。自然エネルギーの導入拡大は、やがてこうした根源的な問題を私たちにつきつけることになるだろう。

（2012年11月／文・佐藤由美／写真・田嶋雅巳）

住民が進めるエネルギー自治

高知県梼原町／再生可能エネ自給100％をめざすまち

住民が策定した新ビジョン

山に囲まれた高知県梼原《ゆすはら》町を歩くと、しきりと視界に入ってくるものがある。ソーラーパネルだ。

町全体の6％強にあたる約113軒の屋根にソーラーパネルが乗っている。全国平均は3・8％だから、いかに普及しているかがうかがえる。町の庁舎をはじめ、公共施設には大型パネルが設置され、消費電力の多くを賄う。

夕暮れを迎えるころ、町の中心部を走る国道に並ぶ街灯が自動的に点灯する。電源は、町を流れる梼原川に設置した町営の小水力発電所で、日中は町内の中学校に電力を供給している。町営の温水プールには地熱を利用。町から車で50分、標高約1300メートルの四国カルスト高原には町営の600キロワットの風車2基が稼働している。

「ここまで再生可能エネルギーの導入が進んだのは、地域資源を徹底的に生かす、共生と循環の考え方によります」と町長の矢野富夫さんは話す。

梼原町の資源循環への挑戦は1999年末に稼動した風力発電から始まった。

きっかけは、バブル期に建てた公設民営施設の光熱費が90年代後半に入り年間1500万円もかかり赤字経営が続いたことだ。

「こりゃいかん。何か方法はないか」

こう問題提起したのが、前町長の中越武義さんだ。

梼原町は、明治時代に六つの村の合併でできた。かつての村はいまも区として存続し、六つの区に56の集落がある。集落を中心とした自治の風土は根強く、町の方針は、町からの提案そのままではなく、常に区長や集落代表者、農協、森林組合、商工会などが内容をたたいては練ってきたという歴史的な経過がある。

中越さんはこの風土を軽んじることなく、町長だった12年間、休日でも軽トラックで町の隅々を回り、住民と意見交換を行ってきた。その距離は年間で8000キロに及んだという。そして、住民の意見をより直接反映しようと始めたのが、「梼原町総合振興計画」という町の基本計画策定への住民参画のよびかけだった。

公募で集まった15人の住民委員は、町長らと町を回り、何が求められているかを把握する活動を行った。ドイツやスイスにも出向き、現地で視察した再生可能エネルギーへの取り組みをヒントに、99年「新エネルギービジョン」を策定した。梼原にある風、森、光、水、土からエネルギーを生み出そうとの構想だ。

おりしも公設施設の光熱費が重い負担となり、その経営を圧迫していた。この問題を解決する一助としても、再生可能エネルギーの導入が求められた。中越さんは、建設資金の調達、余った電力の売却などの計画を立てたうえで、何よりも町民の意思が重要とアンケートをとったところ、95％が賛成の意思を表明したという。

自然からいただき自然に返す

現在、2基の風車は毎年約3500万円の売電益を生み出す。これは「環境基金」として積み立てられ、さらに地域環境に貢献するために活用される。

ソーラーパネル設置を希望する世帯には1キロワット当たり20万円（上限80万円）を助成し、太陽熱温水器、ペレットストーブ、エコ給湯、断熱効果の高い複層ガラスの設置には、購入価格の4分の1を補助する。小水力発電の源となる地下水を蓄え、二酸化炭素を吸収する森林の育成のため、5ヘクタール以上の間伐や手入れを行えば1ヘクタール当たり10万円が交付されるしくみもつくった。

「2010年度末までに、対象森林の約7割で間伐が終わり、森林整備が進みました」と現職町長の矢野さんはその成果を強調する。間伐材は、第3セクター「ゆすはらペレット」（07

年設立）の工場で木質バイオマスのペレットとして生まれ変わり、地域の学校や老人ホームなどの冷暖房機器や給湯器に利用される。同社では間伐材1トンを6400円で買い上げる。これが林業を営む町民にとって貴重な収入になり、林業振興を支える力になっている。

「自然からいただいたものは自然に返す、という考えが根底にあるんです」と矢野さんは資源循環型の町づくりの基本を語る。

新たな住民の活動も

町主導の活動だけではない。2012年夏には、「小さな発電所プロジェクト」という市民団体も太陽光発電の普及に取り組む活動を開始した。

代表の三好茂さんは、一昨年夫婦で愛媛県から梼原町に引っ越してきた。妻の出身地でもあり、先進的なエネルギー政策を実践する姿勢に可能性を感じたという。

「福島の原発事故で、原子力は人間には制御不可能であることが明らかになりました。何かあったときに電気を常に確保できるソーラーパネルを小さい単位で保持しておけるようにしたいんです。町も普及に努めていますが、行政はトップや担当者が変わると方針も変わります。でも、町の体制が変わろうとも、住民自身が『エネルギーは自分たちのもの』との『主権意識』をもてばいいのです。子どもにこそ、いまのうちに太陽光発電の大切さを教えたいですね」

同プロジェクトでは昨年、夏休みの3日間を活用し、A4サイズのソーラーパネルを自分で

山間にある梼原町。ところどころにソーラーパネルがみえる

組み立て、配線をつなぎ、ＬＥＤ電球を光らせるというワークショップを開催した。延べ１００人を超す参加があり、子どもたちからは「みんなでつくったソーラーパネルにワクワクした」など多くの感想が寄せられた。

ワークショップにかかった約90万円の費用は、町の「梼原人を元気にする補助金」制度を活用して調達した。

市民の活動を応援するための制度だが、審査を通るまでに苦労するのがやや難点と三好さんは指摘する。

「私はこの町が、再生可能エネルギーに対してより活動的になると信じています」と三好さん。

近い将来は、集落単位でソーラーパネルの設置を増やすことに取り組みたいと考えている。

生きた住民自治をめざして

住民と行政が協力し合い資源循環型の町づくりをめざす梼原町。だが、一方で、過疎と高齢化という多くの地方が抱える問題に悩まされていることも事実だ。同町の環境整備課環境モデル都市推進室主事の那須俊男さんは次のように話す。

「1970年には約7000人いた人口がいまは約3800人、高齢化率も4割を超えます。今年は101人が地元の高校を卒業しましたが、町に残ったのは1人だけ。就職先がないのです」

その解決には今後10年が勝負、と那須さん。「区長と町による行政運営という独特のしくみがうまくいっていたからこそ、逆に外からの提言が通りにくいという面もあります。であれば、Iターン者やUターン者の意見を取り入れることで、自治はより生きたものになるのではないでしょうか。集落はいま、その端境期《はざかいき》にきているのだと考えます」

それでも梼原には、ほぼ毎週、他の自治体が視察に来るような理想的システムを住民の手でつくり上げてきたという実績がある。原発に不安を抱えるいまだからこそ、その価値は大きく全国から注目も集まる。

町長の矢野さんは言う。

「梼原の人はいろいろなアイデアをもっています。周辺自治体とも連携して2050年の

１００％再生可能エネルギー自給実現をめざし、同時にそれが地域の雇用の場になることも視野に入れていきたい」

（２０１３年２月／文・樫田秀樹／写真・タカオカ邦彦）

岐路に立つ太陽光発電

徳島県／徳島地域エネルギー

メガソーラーを市民事業で

ゆるやかな南向きの傾斜地を埋め尽くすパネルに、太陽の光が降り注ぐ。徳島県の北西部、美馬《みま》市に建設された「美馬ソーラーバレイ発電所」の設備容量は１１８９キロワット。１０００キロワット（1メガワット）を超える、いわゆるメガソーラーだ。

総事業費が3億５０００万円にのぼるこの発電所は、再生可能エネルギーの普及をめざす市民団体が中心となり、計画から資金調達、建設までを行った。市民事業によるメガソーラーは珍しく、その手法を学ぼうと、全国からの視察者が後を絶たない。

プロジェクトを主導した一般社団法人「徳島地域エネルギー（ＴＲＥ）」は、まず事業主体となる「美馬ソーラーバレイ株式会社」を設立。１口50万円の「少人数私募債」（50人未満を対象に法人が比較的簡便に発行できる社債の一種）で49人の市民から出資を募り、徳島県の補助金、県内の金融機関からの融資を受け、県内の企業に建設を発注。同社が自ら管理を行うよう事業全体を設計した。

「2012年12月に稼働しましたが、一般家庭350世帯分と想定していた発電量は予想を大きく上回っています」

TRE常務理事の羽里《はり》信和さんは、こう胸を張る。土地を所有する建設会社はこの成功にならい、隣接地に1328キロワットの太陽光発電所を建設。広大な資材置き場は、文字どおりソーラーバレイへと変貌を遂げた。整然と建ち並ぶ2517キロワットの太陽光パネルは、南国の強い日差しと、持続可能なエネルギー社会の実現を願う市民の期待を受けて、静かに電力を生み出している。

地域の利益を考え抜いた末に

12年7月に始まった電力の固定価格買取制度は、再生可能エネルギーによる発電事業を飛躍的に成長させた。それまで再エネの設備容量は約2000万キロワットにすぎなかったが、2年で7237万キロワットが認定された。その92%をメガソーラーのような「非住宅用の太陽光発電」が占める。利益を生むようになった太陽光発電には、資本力のある大企業の参入が相次ぐ。だが、太陽光が生む売電収入は設置した大企業のある都市に流れ、地域には土地使用料などが残るにすぎない。これに対してTREは、地域の人びとが、地域のエネルギー資源を、地域の資金と技術で建設し、利益を地域に再投資する事業をめざす。

美馬ソーラーバレイはその第1号だ。しかし、1口50万円の出資は負担が大きく、多くの人が参加できない。かといって、少額にすれば事務経費がかさむ。そこで、多くの人が気軽に参加できる1口1万円の寄付を集め、地域振興にもなるしくみとして打ち出されたのが、「コミュニティー・ハッピー・ソーラー」、地域がしあわせになる太陽光発電だ。発案した事務局長の豊岡和美さんは次のように説明する。

「最初の5年間は売電収入で購入する地域の産品を寄付者に贈って地域産業を支え、その後は地域に必要なものに使い、売電契約が終わる20年後には設備を地域に譲渡する。私たちは設備で管理利益を出します。少しずつ負担を分かち合うことで、みんながハッピーになるしくみです」

再エネで地域再生

13年3月、徳島市に隣接する佐那河内村《さなごうちそん》に、同年10月には県南の牟岐町《むぎちょう》にも発電所が建設された。佐那河内村の「みつばちソーラー発電所」が120キロワット、牟岐町の「海のソーラー牟岐」が2カ所で90キロワットと、いずれも規模は小さい。だが、運転開始2年目から5年間、売電収入で地場産品を購入し、寄付者に贈ることで農業と漁業に投資するしくみを組み込んだ。これにより寄付者は、再生可能エネルギーの普及と農業や漁業の振興という理念を実現させながら、農産物や海産物という実利も手にすることができる。

佐那河内村は、江戸時代には徳島藩を治める蜂須賀家への献上米の産地、現在はコメやスダチの産地として知られる。しかし、農業者の高齢化と後継者不足は、長い歳月をかけて築かれた棚田を休耕地に変えている。一方、日本有数の漁場といわれた牟岐町では、地球温暖化にともなう海水温の上昇により漁獲高が激減している。

そのため、地元では地域の産業再生につながる太陽光発電に期待を寄せる。佐那河内村長の原仁志さんは「再生可能エネルギーの生産を通して農業生産を高め、高齢化する農業者を応援し、遊休農地を減少させたい」と言い、牟岐町長の福井雅彦さんは「災害時の非常用電源として使うほか、寄付を生かして漁業振興に役立てたい」と構想をふくらませる。

太陽はだれのものなのか

農山漁村に眠るエネルギー資源を生かし、環境と経済がともに持続可能な地域へと移行させようとするコミュニティー・ハッピー・ソーラー。このしくみを県内全域に広げようと、TREのスタッフは奔走している。

ところが、14年9月、地元の四国電力を含む電力5社は、太陽光発電が増えすぎれば電力の安定供給に支障が出るおそれがあるとして、新たな受け入れを中断。経済産業省は、太陽光発電を抑制する方向で制度の見直しに着手した。

これによって、ＴＲＥが計画を進めている事業20件のうち10件の見通しが立たなくなった。制度の再検討の行方を見守りながら、常務理事の羽里さんはこう提言する。

「深刻化する地球温暖化のことを考えれば、事業主体がだれであるかを問わず、再生可能エネルギーを普及させなければならないのかもしれません。けれども、過疎化と高齢化が進行する地方にとって再エネは最大の資源。地域再生のためにも、地域主導型の事業を優先して認定すべきではないでしょうか」

現在の固定価格買取制度は、太陽光発電の偏重を招く設計の不備や、電力会社間の地域間連携線の不足など、普及を阻む構造や技術的な課題を浮き彫りにした。しかし、降り注ぐ太陽光はだれのものであり、何のためにエネルギー資源を開発すべきかという根源的な問いへの答えは、いまもおきざりにされている。

（２０１５年2月／文・佐藤由美／写真・田嶋雅巳）

3

農・林・漁業の再生で地域と環境を守る

ひたすら「過疎地」で40年

島根県浜田市／やさか共同農場

２０１２年7月24日、島根県出雲市で毎日新聞社主催の第61回「全国農業コンクール」が開かれ、グランプリの毎日農業大賞に同県浜田市弥栄町《やさか》の「やさか共同農場」が選ばれた。

受賞者は自分ではなく「地域」

「やさか共同農場」代表の佐藤隆さんは、毎日農業大賞の受賞を「この40年積み重ねてきたことの意味が再認識でき、今後を考える契機にもなりました。グランプリは地域と一緒にやってきたことへの評価、地域の皆さんが受賞者です」と喜びながら「正直、ちょっとした違和感もあります」と話す。

というのも、同共同農場は農家の大規模化を奨励する国の政策に従うことなく、むしろ逆の道を歩み、一農家の規模拡大よりも、中小農家が保有する農地を協働で耕すことで営農面積を広げるという〝地域ぐるみ〟の農業振興に力を注いできたからだ。

「とても現在の農政の主流とはいえない自分たちが評価されたのは、ある種のおだてではないかという思いもあります。そうではなく、農業に対する社会の見方が変わってきて、食を通した人とのつながり、関係性の広がりが注目されるようになってきたとすれば、素直に歓迎したいですね」

農家の力を結集、特産みそも

弥栄町は人口1536人、広島県境に近い過疎の山里だ。地域の貴重な雇用の場でもある同共同農場で、株主でもある社員5人に職員12人、パート職員18人と研修生が働く。職員の多くは30代の青年で、パートは集落の女性たちが中心だ。

やさか共同農場では、地元でコメを有機栽培する「森の里工房生産組合」と力を合わせ、農地や農業機械を共同管理する方法で農業に取り組む地元の五つの集落営農組織とも提携、大豆、大麦、葉物類、タカノツメ、加工用トマトなどを生産する。2009年からは生活クラブ連合会からの依頼を受け、ジャムの原料となる加工用イチゴの栽培にもチャレンジし、参加する農家戸数も増えつつある。こうした農産物の生産に加え、特産品としての「みそづくり」にも取り組む。

「冬は雪に閉ざされるため、当初は出稼ぎで資金を得るしかなかったのです。これでは発展性がないと思い、地元の農家に学んで大豆とコメを原料にみそづくりを始めました」と佐藤さん。天然醸造15カ月のみそは、いまでは年間350トンを仕込むまでになり、地元はもちろん、関西や関東にも販路を広げている。

このみそづくりが同共同農場と地域の人たちとの協働事業を広げるきっかけになった。共同農場の農地だけでは田畑を合わせても3ヘクタールしかなく、みその原料となる大豆やコメ、麦を増産するには森の里工房生産組合や集落営農組織との連携が不可欠だった。みその評価が高まるにつれ、さらに農地が必要となり、広島県世羅町の8ヘクタールの大型遊休農地などでも大豆を栽培。いまでは協働で耕す農地の総面積は60ヘクタールと、甲子園球場のグラウンドの約58倍に相当する広さになった。

共同体から「共同農場」へ

佐藤さんが3人の仲間と「もうひとつの社会＝コミューンをつくろう」と弥栄に移住したのは1972年。「弥栄之郷共同体」を名乗り、つるはしとスコップでの開墾に取り組んだ。鶏を平飼いし、昼食はパンの耳、趣味は読書という毎日を送ったという。さらに毎年春と秋には、主に都市部から50人ほどの賛同者を募り、労働体験をしながら交流する「ワークキャンプ」を開催。参加者募集のために各地を回り、人脈を広げることにも力を注いだ。

「消費者運動との連携も深めたかったし、より多くの人を集めて人間のるつぼをつくり、共同体の証しである共同生活を進めたかったのですが……」。しかし、現実は思うに任せない。

冬は豪雪で毎年11月以降は出稼ぎに出なければならず、どんなに開墾しても生産は軌道に乗らない。仕事にかかる費用はもとより、何から何まで〝一つの財布〟で賄わなければならない暮らしの厳しさもあった。

転機が訪れたのは弥栄で暮らして5年が過ぎたころ。県工業試験場の職員から、みそづくりを勧められた。「つくり方は農家の婦人に学べ」とのアドバイスも受け、集落の女性たちに指導してもらった。さらに5年後の82年、弥栄町役場が隣地に農家以外の人びととの交流による地域活性化策として「体験農場づくり」を始めた。そのとき、役場の課長からこんなしっ責が飛んだという。「お前たちはいつまで遊んでいるんだ。基盤整備をしてやるから地域の人たちと一緒になって地域をまとめろ。役場は体験農場をつくる。お前たちと勝負だ！」

この言葉に発奮し、佐藤さんたちは地域との協働を積極的に追求した。〈地域に学べ、農家に学べ〉を合言葉に〝農家をコピー〟することからやり直した。課長の言葉が推進力となって地区に生産組合が生まれ、大豆協議会の活動も進展、事業が順調に回り始めた。89年には有限会社「やさか共同農場」として法人化を進めたが、「弥栄之郷共同体」のメンバーで残ったのは佐藤さん一家だけだった。

受賞を節目に新たな目標

「私たちは『今百姓』だが（先祖代々の）『農家』ではありません。生産と生活が一体となった『暮らし』のある土地で、だれとも人間らしくつきあい、生き生きしたもう一つの社会をつくろうと当時全国第3位の過疎地の弥栄町にやってきた者です。そんな『よそもの』であることを自認し、集落や都市の人たちとつながることを大切にしてきました。それが私たちの財産になっています」と佐藤さんは言う。

その「つながり」から、これまでおおぜいの青年が巣立った。同共同農場の職員や研修生として働き、自立して集落に定住した30代の人たちだ。定住者は19人、8集落で力を発揮している。その1人で、穀物部門のリーダーを担い、結婚して集落に家も建てた山崎大輝さんが弥栄に来たのは15歳のとき。「手取り足取りの指導を受けながら農業をやってきましたが、共同農場は自分の存在感がもてるところだと実感しています」と物静かに話す。

こうした若い世代へのバトンタッチを考える節目ともなったのが今回のグランプリ受賞だ。「30代の人たちには共同農場の経営の中心となるために実践的な力を蓄えてほしい。彼らも覚悟し始めています。地域の集落にも今後を担う人たちが定住し、彼らが次の時代のビジョンを描く段階に入りました」と佐藤さん。妻の富子さんも「30代の人たちが地域の集落に定住していますが、彼らと地域がつながることで生まれる力に希望を託したいですね」と期待する。

受賞は40年の実践の一区切りでもある。今後の佐藤さんの目標は、やさか共同農場から複数の農場が法人格を取得して独立し、ともに日本の「農」と「食」を守るために多くの農民と連帯するネットワーク「ファーマーズユニオン中国」の設立にある。「すでに活動している近畿や四国、九州のファーマーズユニオンとも力を合わせ、〝自前の暮らし〟を基本とした社会の広がりをつくっていきたい」と意気込む。

18歳で国内屈指の過疎地にあえて移住、1人ではなくおおぜいのつながりから生まれる力を信じ、地域の暮らしを守ろうと、ひたむきに生きてきた佐藤さん。

「日本の貿易自由化は戦後一貫して拡大されてきました。それにより、山は荒れ、街はシャッター通りとなり、農村も限界集落が広がるなど衰退しています。むろん環太平洋連携協定（TPP）には反対ですが、大事なのは生産と消費がしっかり組んでそれに抗することができる実体を形成することでしょう。それには農村に都市との交流が必須。この交流が刺激となり、関係性の広がりや革新が生まれるはずです。これからがまさに勝負です」

（2012年12月／文・田辺樹実）

「復活の森づくり」百年先への恩送り

岩手県大槌町／NPO法人「吉里吉里国」

漁村で始まる〝素人〟林業

岩手県沿岸部に位置する大槌町。作家・井上ひさしさんの小説「吉里吉里人《きりきりじん》」の舞台となった町だ。町の中心部から車で10分余り、トンネルを抜けると、湾を囲むように広がる吉里吉里《きりきり》地区にたどり着く。その漁港から歩いてわずか3分の場所に広がるスギ山で木を切るのは、地元の被災者たち。雪がちらつく空にチェーンソーの音が響く。NPO法人「吉里吉里国」が主催する林業大学校である。

同大学校は毎月3日間の日程で開催され、今年（2013年）1月7日からの実習には、地元の大槌町と隣の釜石市から計8名が参加した。今回の実習は津波の塩害で立ち枯れたスギを切り倒して山から搬出、用途別に長さをそろえて丸太にする作業だが、参加者のほとんどが震災前は一度もチェーンソーを握ったことがない。

大槌町の村田優太さんは今年成人式を迎えたばかり。東日本大震災の年に他県の大学に入学したが、昨年9月に中退して地元に戻ってきた。もともと自然に興味があったが、林業とはまったく無縁。たまたま目にした研修生募集のチラシで吉里吉里国の存在を知り、昨年11月から通い始めた。いまでは幹の枝を払うなどチェーンソーを使った作業を手伝えるまでになった。

松村紀貴さんは41歳。高校中退後にマグロ漁船に乗り込み、8年ほど遠洋漁業の現場に身を置いたが、腰を痛めて離職。仕事を転々とするうちに津波で自宅が流され、避難所で吉里吉里国理事長の芳賀正彦さんと出会った。「芳賀さんに誘われて、山で一緒に働くうちに林業の可能性に気付いた。これからもついていきたい」と話す。

吉里吉里国では芳賀さんを中心に、手付かずの人工林（主にスギ山）整備や塩害木の処理、木材の生産と販売を手がけ、誰でも無料で参加できる林業大学校を毎月開催、林業家の育成をめざしている。

被災前の姿で残った山

震災前は約1万6千人だった大槌町の人口は、13年1月現在、約1万3千人に減少。とりわけ津波の被害は大きく、市街地の約52％が浸水するという県内最高浸水率を記録した。町の家屋の約6割が全壊・半壊などの被害を受け、住民の約半数が避難所生活を余儀なくされた。自宅を流された芳賀さんもその1人。芳賀さんは吉里吉里地区避難所の運営責任者として復旧作業にあたり、その後、避難所の仲間らと津波で倒壊した住宅などの廃材を利用してまきを作るようになった。

避難所になった体育館では灯油やガスが入手できず、暖をとるにもまきを燃やすしかなかった。こうしたなか、震災から1カ月後にまきを燃やして湯を沸かす給湯ボイラーが支援物資として届けられ、まき風呂の運営がスタートした。芳賀さんたちは避難所で使うまきの一部を「復活の薪《まき》」として全国に販売し、がれきを利用したまき作りを避難所での仕事として根付かせた。

しかし、がれきの撤去が進めばまきを手に入れるのが難しくなる。この問題を解決するための相談に乗ってくれたのが、ボランティアとしてまき風呂の運営を手伝っていたNPO法人「土佐の森・救援隊」(高知県高知市)事務局長の中嶋健造さんだ。まきを使った給湯ボイラーを吉里吉里地区に届けた中嶋さんは、その後も毎月のように高知県から大槌町に足を運び、林業大学校の講師も無償で引き受けている。

「土佐の森――」では、山の管理者が自ら木を育てて伐採・販売する「自伐《じばつ》林業」のしくみを全国に広める活動を続けている。「これを自分たちが導入できれば、吉里吉里の山を働く場所にすることができ、まきも継続して手に入れられる」と考えた芳賀さんは「かつて漁師が苗木を植え、そのまま放置された山が吉里吉里にはたくさんある。津波の後で仕事も何もない。捨てられた人間たちでやっぺし。拾う神があったと思ってやっぺし」と、まき作りの仲間に山の整備を提案した。

「キリキリ」はアイヌ語で「白い砂浜」の意味。砂浜には津波で決壊した堤防が転がっている

林業を始めて間もない吉里吉里国のメンバーが次々と木を切り出し、一本一本丁寧に木材として仕上げていく。木を丸ごと1本、無駄なく活用するのが吉里吉里国流の林業だ

小さく始める「自伐林業」で

自伐林業の最大の長所は低予算で始められることにある。現在、吉里吉里国が使うのは3トンの重機（約200万円）と林内作業車（約180万円）、全国からの支援でもらったチェーンソー、山から木を運び出す軽架線（約20万円）。これだけで立木の伐採から、倒した木の搬出、丸太材の生産や林道の整備まで対応できるというから、高性能の林業機械を導入するだけで数千万円もの投資を必要とする大規模林業との差は歴然としている。

「吉里吉里国で自伐林業が成功すれば、他の沿岸部の被災地にも広がる可能性が高い」と見るのは岩手県盛岡広域振興局の深澤光さんだ。大槌町をはじめ津波被害の大きかった漁村では、歴史的にも漁業と林業の双方に関わっていた地域が多い。

「沿岸部では昭和30年代に漁業で稼いだ資金で、漁師自身が所有する山に自ら植林してきた。この投資は冠婚葬祭や進学など、将来何かのときに子孫のために役立てたいという家族を思う心から生まれたもの」と深澤さんは言う。だが、先人たちが植林した山林が、木材価格の下落により「負の財産」と評されるようになって久しい。

「もし価値がなく捨てられてしまうような木材をお金にできるなら、山林は負の財産ではなくなる。その可能性を示したのが、『土佐の森』の活動でしょう」と深澤さん。「土佐の森」は自伐林業を広めながら、曲がった木材や木の根元など、通常なら商品にならないような木を買い取り、地域で流通させるしくみを確立してきた。これを被災地の宮城県気仙沼市も昨年末から導入し、木材の出荷者には仮設店舗で利用できる地域通貨を支払っている。いまはがれき処理の一環として塩害木の撤去作業に追われる吉里吉里国だが、今後はまきの販売をはじめ、昨年から始めた建築用材の出荷にも力を入れていく方針だ。

100年後への〝恩送り〟

「高齢化」「過疎化」「限界集落」などの言葉に象徴されるように、地方の集落の多くが長らく厳しい状況に置かれてきた。これに震災が追い討ちをかけ、大槌町の事業所数は２００９年比で72・5％減（「12年経済センサス」）となった。

さらに町長を含む職員の約4分の1が犠牲になり、地域おこしなどの課題と向き合う余裕が町にはない。

こうしたなか、新しい芽は確実に育っている。「大手企業に勤めていた30代のボランティアの方が退職をして吉里吉里に来ると言っている。ほかにも2人ほど同じような若者がいる。だからこそ事業を継続しなくては」と芳賀さん。

吉里吉里国では新たに約1ヘクタールの山を手に入れた。人の交流や自然体験に活用し、大槌町と外部を結びつける拠点にするためだ。

震災から2年、被災地では「ここで生きよう」と覚悟を決めた人たちが、震災後に残った自然環境を生かしながら働く場を懸命につくり、将来に向けて少しずつ歩みを進めようとしている。「いまは50年前に木を植えた人たちの恩をいただいて仕事ができている。今度は俺らが森をつくり、１００年後の未来に恩を送る番。いいべ」と芳賀さんは笑みを浮かべた。

（２０１３年４月／文・上垣喜寛／写真・田嶋雅巳）

若者による林業・地域の再生を

長野県根羽村／根羽村森林組合

トータル林業で活性化

「安心して働けますね。林業ですか？　面白いですよ」。林業に従事して8年目になる松下正暁さんは快活に笑った。「プロセッサ」と呼ばれる重機を操り、伐倒した木の枝と皮をむきながら、等間隔で丸太に切り落としていく。「ほら、伐採したあとは森に光が入ってきれいでしょ。僕たちは、日本の国土を守る仕事をしているんです」。

10代から林業を志望。だが、16年前の林業高校卒業時は林業への求人募集はなく、いったんは他の業種に就職したもののあきらめきれずようやく得た仕事だ。

松下さんの傍らでは、就業1年目の鈴木香南子さんが、伐倒された木を空中に張ったワイヤーで運搬する重機を操作する。「高校生から林業志望でした。まだ半人前ですが、いかに効率よく材を切り出すかを現場ごとで考えるのが面白いです」。

班長の橋本真一さんは就労7年目の28歳。「ウチの職場は若い人が多いです。10年後、20年後の山をイメージしながら木を切る仕事はやりがいがあります」と笑う。

3人が在籍するのは長野県の根羽《ねば》村森林組合。従事者が激減し「崩壊寸前」といわれることも少なくない日本の林業だが、根羽村の森林組合では2001年から雇用を増やしその職員数は43人。村役場の26人を大きくしのぐ。うち10人強は、20代と30代のIターンだ。11年度の森林組合の木材の売り上げは2億2000万円、この10年間で約3倍に増えた。

全国的にもまれなこの活況を生んだのは何か──。森林組合参事の今村豊さんは「02年から始めたトータル林業の成果」だと言う。

日本の林産地では、林業を営む人の多くが丸太を丸太市場に持っていく。そこから先、どの工務店が丸太を買うかはわからない。しかも市場では、樹齢40年のスギの買い取り価格が1本数百円などということもままある。

「私たちは市場を通しません。02年から地元の建築士や工務店と提携し、顧客の要望に応じて組合の製材所で丸太を製材に加工、工務店に直送してきました。これがトータル林業です。この方法なら木材の生産から流通までの履歴が保証されるメリットがあり、顧客も安心できます。森林組合にとっても、丸太のままよりも製材で売れば付加価値が高まり、収益も増えるわけです」

実際に注文住宅の需要は、年130戸を下らない。根羽村産の木材を50%以上使用する住宅には根羽スギの柱材を50本無償で提供するサービスも評判だ。

3点セットで若者を招く

今村さんも新たに根羽村にやってきたIターン組の1人だ。1993年から96年までを長野県庁の林業指導員として根羽村で暮らした。

いまでこそ林業が活況を誇るこの村も、当時は87年以降の木材不況の波に襲われ、木材業者や製材業者が次々と廃業していった。このとき、改革の先頭に立ったのが、森林組合長でもある前村長の小木曽亮式《りょういち》さんだった。

「明治から続いた『林業立村』の村が林業を捨てられるか」と、95年に廃業直前の状況に置かれた唯一の製材所を村が買い取ることを決断、その整備と運営を森林組合に一任した。さらに小木曽さんは林業を目指す若者を村に招き入れ、安心して定住できるように、仕事（林業）と収入と住居の「3点セット」を用意すると2001年に決定した。

そんな林業再生の気運は村の外にも満ちていた。根羽村から車で1時間の距離にある同県飯田市の建築士や工務店は、地元の木材を使って建てた家を地元の住民に提供する「木の地産地消」の具体化を検討していた。02年には「伊那谷の森で家を作る会」が発足し、根羽村森林組合と提携するようになった。トータル林業のはじまりだ。

この翌年から05年までの3年間、今村さんは長野県の市町村派遣事業の関係で村に再赴任。

林業本来の姿を追求するトータル林業の成果に感銘を受けた。「そのときですよ。この最前線の林業に身を置こうと決めたのは。それで県の職員を辞めました」と笑う。

同村が準備した3点セットは若者にも好評だ。1年目の鈴木さんの場合、年収は300万円弱でも、根羽スギをふんだんに使った村営住宅の家賃は2万円、生活には何の不満もないという。「県内の林業大学校で学びましたが、研修で根羽村を訪れ、仕事内容とこの住宅がいいなと思ったんです。ここに住めてよかった」。

森林での作業

システムよりも人的資源

日本は森林率67％という世界屈指の森林国だが、林業従事者は1960年の44万人から2005年には4万8000人へと激減している。林業再生のヒントを求めて、現在根羽村には日本各地からの視察が後を絶たず、その数は年間1000団体以上にも上るという。

しかし、森林組合長でもある現村長の大久保憲一さんは「システムだけではまねはできません」と言う。根羽村は面積の92%が森林で、その7割に相当する約6000ヘクタールがスギやヒノキの人工林と森林資源に恵まれた地域だが、むしろ資源は「人」だという。

「1907（明治40）年、村は村有林を全世帯に貸与し、1戸が5・5ヘクタールの山持ちになりました。以後、各世帯が責任もって間伐を行いながら、子どもの進学や車の買い替えの際に必要な収益も得ました。だから村民の『山の恵み』に対する感謝の気持ちが実に強く、100年以上たったいまも、428全世帯が森林組合の組合員です。昨今は高齢化が進み、森林組合への間伐委託も多くなりましたが、たとえ金にならなくても各戸が山をきれいに保っています」

鈴木香南子さんが住む村営住宅の室内

こうした村民の山への愛着が土台にあり、これを行政が後押しすることで根羽村のトータル林業が生まれた。

若者を生かす環境を

そんな村にも課題はある。森林

組合の雇用は増えたが、それ以外の就労の場は限られており、村で育った若者の多くが村内に戻ってこられないのが実情だ。人口１０６５人、高齢化率44％の村に少しでも雇用を確保するため、今年から特別養護老人ホームも開設された。

それでも「林業が村の基幹産業なのは変わりません」と村長の大久保さん。トータル林業にとどまらない林業のあらゆる可能性を追求しようと、数年前から、伐採や加工過程で余った端材を利用しての木質バイオマス暖房に取り組む。また、今年3月には、厳しい品質・規格管理のもとに製材提供を行う工場として、森林組合の製材所が日本農林規格（ＪＡＳ）の認定工場に登録された。長野県では初めてだ。

一方、Ｉターン組も積極的にアイデアを提供する。組合の会合での「森林を生かすトレイルウォークのコースを造ろう。多くの人が村に来る」との提案に今村さんは感心した。「根羽スギのわっぱ弁当を作ろう」「鹿の毛皮で特産品を」など、村おこしのアイデアも次々と若者から出されている。

「地域にあった生産と流通のシステムを確立し、若者を生かせば、林業と地域は活性化します」と今村さん。「林業志望の若者は多く、食っていける労働環境と生活環境を用意すれば、彼らが新しい村をつくっていきます」と話す。

（２０１３年6月／文・樫田秀樹／写真・タカオカ邦彦）

海の恵みを子や孫へ

三重県桑名市／赤須賀漁業協同組合

浜に戻るハマグリと若者

「値打ちがあるよ。味が全然ちがうもの」「年に1回、ここで買えるのが楽しみ」。毎年7月初旬に三重県桑名市で開催される赤須賀漁協主催の漁業祭りには、全国から1000人を超える消費者が訪れる。貴重な地場産ハマグリが安く提供されるとあって、販売所の前には開始2時間前から行列ができ、だれもが先を争うように購入していく。

「その手は桑名の焼きはまぐり」といわれ、かつては年間3000トンを超える漁獲量を誇った桑名産のハマグリだが、高度経済成長期の大規模な沿岸開発により急激に減少した。一時は1トンを割り込み絶滅寸前といわれたものの、漁協が講じたさまざまな対策の結果、現在は年間約150トンまで回復、市場への出荷に加え、年に1回はこうして市民にも直接提供できるようになった。

祭りではシジミ漁が体験でき、子どもたちを中心に市民も漁船に乗ることができる。漁の実演やその説明をするのは漁協青壮年部の20～30代の若い漁師たち。そろいのTシャツを着て、テントの設営から進行まで祭りを担う姿がそこかしこで見られる。

いったんはほかの仕事に就いた人、卒業後すぐ漁師になった人など経歴はさまざまだが、ここ7、8年、赤須賀漁協では若い漁師が増え続けている。「漁師には絶対なりたくないと思ってたけど、やってみたらこれほどおもしろい仕事はない」「自然相手の仕事だから努力すればその分結果が返ってくる、奥が深い」と彼らは漁業の魅力を口にする。

青壮年部会長の水谷正敏さんは漁師の家に生まれた。結婚を機に別の職業に就き、30代前半で漁師に戻った。「正直、昔は漁だけでは生活できなかったんや。それを先輩たちがここまで引き上げてくれた。だから俺らみたいな年で戻ってきてもやっていける」と感謝の思いを語る。その成果を引き継ぎ次の世代に残していくのが青壮年部の役割だと、思いを同じくする仲間とともにさまざまな活動を進めてきた。

闘いの果てに

いまでこそ出漁日を決め、さらに1日の漁獲量を制限するなど組合独自の厳しい資源管理を行う赤須賀漁協だが、かつては〝とり放題〟の時代もあった。1970年代後半の漁獲規制導入の際には反対する声も多く、けんかになることもあったという。それでもメンバーがこの取

シジミ漁をする長谷川宏平さん（48）。会社を辞め漁師になって８年になる

り決めに合意したのは、着実に減っていく漁獲量に「漁師ならだれもが感じる危機感を共有したから」と同漁協専務理事の水谷隆行さん。「規制しなければうちの組合はとっくにつぶれてたやろうな。漁業をとりまく当時の状況はそれほど厳しかった」と言う。

都市近郊に位置する赤須賀では、70年代以降、工業用地や道路建設のための埋め立てが相次ぎ、多様な生物を育む干潟が次々に姿を消した。地下水のくみ上げによる地盤沈下に加え、農業用水の確保や防災などを目的とする長良川の河口ぜき建設が漁師たちの反対を押し切って強行された。

「社会資本開発のなかで闘い抜いてきたんや。知恵も出すわ。あたりまえや」と言う同組合長の秋田清音《すずね》さんの言葉は重い。意に反する河口ぜきが完成し干拓工事が進められても、漁民はその後も赤須賀で生活していかなければならない。他の仕事に就く気も選択肢もなかったという秋田さんたちは、どうしたら代々の生活の基盤である海や川を守り、皆が暮らしていくことができるかと知恵を出し、工夫を重ねてきた。

その大きな柱が干潟の再生とハマグリの種苗生産だ。「干潟の水質浄化能力はたくさんの生きものが育つ環境をつくってきた。その頂点にあるのがハマグリや。ハマグリが復活すれば豊かな環境ができるというのが漁師の発想」との視点に立ち、秋田さんたちは親ハマグリに産卵させ、稚貝に育ててから干潟に放流した。それでも商品価値のあるハマグリに育つには7～8年はかかるが、「貝は自然に湧いてくるもんやない。干潟が育ててくれるのを待てば、来年も次の年もちゃんと収穫できる」と言う。

赤須賀の漁師に代々伝わる言葉がある。「食べる以上はとったらあかん」——。自然から分けていただくのだから、生活を営む以上にとり過ぎてはいけないとの戒めだ。その教えを守っていれば海や川は子や孫の代までその豊かさを提供してくれる。闘いの挫折のなかで見いだした新たな知恵や工夫は、この教えを守り、続けていくためのしくみにほかならない。

漁師の応援団を

河口ぜきの建設を止められなかった経験を糧に赤須賀漁協が始めたもう一つの試みが市民との交流であり、消費者に開かれた漁協づくりだった。公共の利益という言葉のもとに展開された開発事業は、一方で漁民と農民、市民との間に対立を生んだ。「漁民が反対するのは補償金がほしいからだろうと言われたこともあった」と水谷さんは当時を振り返る。

干潟の豊かさやそれを将来につなぐ漁民の役割が、市民に全く理解されていなかったことに水谷さんはがく然とし、それが建設を止められなかった要因の一つではないかとの思いに至った。

「俺ら漁師から発信しなければ——」

それからは自分たちにできることを考え、すべて提案して実行した。学校給食へのシジミの提供を提案したときは何度学校に足を運んだかわからない。「ただ給食に出すだけやったら意味がない。シジミ漁のことを子どもたちに話したい」と授業もさせてもらった。漁業を伝えたい、漁師のことをわかってほしいの一心だった。その後、干潟の豊かさを知るための子どもたちの干潟観察会、山と海とのつながりを実感するための上流域での植樹活動と、水谷さんたちの活動は広がっていく。漁業祭りもその一環。漁師との交流を通して、シジミやハマグリの品質と価値を知り、安定的な利用者になっていく人も多かった。生活クラブや地元生協などいくつかの生協との提携もこれを支える力となった。

出漁規制や漁獲制限で単価の低下を防ぐ一方、種苗生産で資源を増やし、消費者との交流を通して安定した販売先を確保する。こうした動きが、食べていける漁業の再生につながり、若手漁師が増える大きな要因にもなった。

「自分らで生きていくんやから自分らでなんとかせんと。そしたらちゃんと周りがついてくる」という水谷さんの言葉には、行政に頼らず自力で漁業を再生させてきたという自負が宿る。

金よりも資源が先

後継者が増え、ハマグリの漁獲量も回復しつつある赤須賀だが、資源減少への不安はいまも消えない。青壮年部副会長の長谷川靖紘《やすひろ》さんは漁師になって5年目。年々シジミがとりにくくなっているとの実感がある。「不安はあるけど、稼げるかどうかより、まずは資源を残すのが先や。勝手なことをしていたら資源なんてあっという間になくなってしまう。みんなで力を合わせるのはあたりまえ」といまなすべきことを力説する。

「資源と環境を次世代につなぐことが一番、その次に自分らの暮らしがある。金から入ったら何もできん」と話す。組合長の秋田さんと思いを同じくする言葉だ。

この地に続く豊かな自然環境とそこから提供される資源があれば多くの人びとの暮らしが成り立つ。そのことを誰よりも知る漁師たちが、思いを次世代へとつなぐ役割を担っている。

（2013年9月／文・宮下睦／写真・尾崎三朗）

目指すは「食」の域内循環

神奈川県小田原市／あしがら農の会

増えるサラリーマン農家

小さな畑に濃い緑の小麦が芽吹いている。畑を耕すのは、足柄《あしがら》平野で暮らす住民たちが運営する「あしがら農の会」のメンバーだ。

「スーパーに行けば何でも手に入りますが、自分で食べるものくらいは自分でつくりたいです」と話すのは、神奈川県小田原市内の独立行政法人に勤める太田洋和さん。いまは小麦が植えられているバスケットコート2面ほど（7～8アール）の畑では、昨秋まで同会の15人が大豆を育て、冬にはみそやしょうゆなどを仕込んでいる。「いつかはコメや大豆などを自給したいと思っていました。そうはいっても土地や機械、ノウハウもない。どこかでなんとかやれないかと探していた矢先、あしがら農の会に出会いました」と言う。同会が発行する会報を見たことがきっかけで、2年前から週末を中心に夫婦で通うようになった。

同会はサラリーマンを中心に、主婦、農家、大学講師などで構成される。「会員」とはいうものの、入会手続きもなければ、会費もない。ひたすら「農に触れたい」「食べ物を自分でつくりたい」という思いを抱えた人たちが、自らの夢を形にするための受け皿ともいえる。「会の活動に参加すれば、みんな会員です」と話すのは、同県内の公益財団法人で働く諏訪間直子さん。１９９８年から同会に参加、２０１２年に7代目代表になった。コメをつくりたいと考える会員がいれば、地域で仲間を募って班を結成、同会が借りた土地で耕作する。たとえば諏訪間さんは、26アールの田んぼを仲間の５家族と力を合わせて耕している。「耕作に参加した家族分の食料を確保するにはちょうどいい広さ。稲刈りなどにはおおぜいの人が集まりますが、メンバー間の自給が基本です」と言う。

諏訪間さんたちのコメづくりは水を引き入れて土をならす代《しろ》かきから、育苗、草取り、収穫という本格的なもの。稲を刈り取るバインダーなどの機械は、会員間で作業日程を調整しながら有償でシェアする。機械整備への参加は必須で「だれかがしてくれるだろう」の他人任せは許されず、必要経費も出し合い、収穫物は均等に分け合う。

空白地帯があるかぎり

あしがら農の会が発足したのは、20年ほど前。１９８５年に足柄地域に入り、絵画を描きながら農業で暮らしてきた創設者の笹村出さんは「80年代後半、酒匂《さかわ》川上流に廃棄物の最終処分場を建設するという計画がもち上がったのがきっかけでした。反対運動は成功しましたが、しばらくすると計画は再浮上。結局、反対運動には成功しても、その先を具体的に構想できていなかった、何も生み出せていなかったと痛感しました」と語る。

当時の日本はバブル経済で不動産や株価の上昇が加熱していた時代。都市部で開発が進む一方、農村部では農地を手放す人が増えていた。あしがら農の会がある小田原市でも、80年に約2600ヘクタールあった市内農地の経営耕作面積は10年で2割減少した。

笹村さんは「農地の空白地帯が広がる限り、開発計画はまたやってくる。このままいけば地域の問題はいつまでたっても解決できない」と危機感を募らせ、農作物の販売を主にした専業的農業から、日々の暮らしを中心に据えた自給的な農業を広め、何とか農地を再生したいと考えるようになっていく。この思いが93年、「地場・旬・自給」を基本理念とするあしがら農の会の設立となって実を結んだ。

まずは休耕地になっていた1枚の田んぼを借りて耕すことから始め、6年目には新たな土地を借りてコメをつくった。さらに2003年にNPO法人化、05年には田んぼが13カ所に広がった。およそ100世帯の家族が農に携わる大所帯となり、農に関心を寄せる人たちの受け皿は一層大きく広がるかに見えた。

原発事故で問われた原点

11年3月の福島第一原発の事故は、あしがら農の会の活動に少なからず影響を与えた。「もう活動は終わりだと思いました」と、笹村さんは眼前に広がる2アールほどの茶畑を指さした。事故現場から直線距離で約300キロ離れた小田原市内にも、放射性セシウムが降り、自主測定をした茶葉から国の基準を超える数値が検出された。

足柄を離れる会員も出た。最も悩ましかったのは、会員が直接地主に借りていた農地だ。何の相談もなく個人的に農地を借りていた会員がいたのを、笹村さんは全く聞かされていなかった。このため、地域の農業委員会で「突然返すと言われても困る。どうしてくれる」と事情がわからないまま詰問された。「返す言葉がありません。地主さんの気持ちも、去る人の気持ちもわかるだけにつらかった」と当時の心境を語る。

会員からは「活動をやめるべきだ」という意見もあった。そんな時、よりどころになったのが設立の原点でもある「地場」の視点。地場とは足柄平野の地域循環を意味する。「当会の自給運動は『安全なものがほしい』ではなく、『この土地を守っていこう』という地域に立脚したものでした。域内の資源を循環させながら、農地と農のある風景を維持したいのです。だからこそ生産活動をやめるわけにはいきませんでした」。

その後、地域に残った会員で除染活動を行い、自主測定を繰り返しながら生産活動を続けた。

震災から3年。ようやく新たに農業を志す仲間の募集を再開できるようになった。

自給を入り口に広がるのは――

設立20年を迎えたあしがら農の会は、昨年（2013年）末に「自給祭」を開催し、約60人の会員とその子どもたちが集った。その名の通り、会員が自給しているものを持ち寄り、参加者にそれぞれの〝おすそわけ〟をする。

好評だったのは豚肉、ダイコン、ニンジンなど会員が育てた材料を大鍋で煮込んだ地場産百パーセントの豚汁。あつあつの豚汁を食べる会員の輪のなかにいるのは豚肉の生産者の相原佑子さん。農家の出身ではない相原さんは、あしがら農の会や地域住民のつながりから44アールの土地を借り、03年に足柄平野上流の山の一角で、「こぶた畑」をパートナーの海さんとともに始めた。「狭い土地に何千頭も押しこむような大量生産型でなく、豚がのんびりと育っていける適正規模を維持したい」と話す。

相原さんの農場を訪ねると、自作の開放型の豚舎で30頭ほどの豚が育っていた。パンの耳やおからなど地域の店舗からもらった材料で作った飼料を与え、130軒ほどの地域住民が定期的に購入して丸ごと1頭を消費する。

相原さんのほかにも、あしがら農の会との関わりから誕生した農家は16人にのぼる。「会の農業は、自給から始まる生産活動。活動を通じて自給する仲間が地域に増えていけばいいですね」と相原さん。

日本の農家戸数は年々減少し、13年現在およそ239万戸となった。一方、30アール未満の自給的農家は、00年以降の10年で10万戸増加している。

「せめて自分の食べ物ぐらいは自給したい」。そんな市民の願いの具体化が、地域再生の鍵を握る。

（2014年4月／文・上垣喜寛）

農ある風景を次世代に

熊本県南阿蘇村／南阿蘇の農と自然を守る人びと

土を踏まない暮らしに違和感

田んぼや畑での仕事の合間に家事をこなし、ひっきりなしの来客にも応対する大津愛梨さん。いまではすっかり農家の長靴姿が板についているが、実は東京育ちの都会人だった。

都会の「土を踏まない暮らし」に違和感を覚え、大津さんが夫の親戚が暮らす熊本県南阿蘇村に移り住むのを決めたのは２００３年。無農薬でコメをつくり、阿蘇在来の褐毛和牛である通称「あか牛」を育てている叔父の下で農業を始めた。「たとえ1人になっても、自分は残りたいというほど、この土地が気に入っています。就農した当初から、阿蘇という景観を守っていきたいという思いをもって暮らしてきました」と言う。

南阿蘇村は、９万年以上前の火山活動によってつくられた大きなくぼみ（カルデラ）の南側に位置する。カルデラ内の人口は約６万７千人で、絶滅危惧種をふくむ約２５０種類の鳥や昆虫が生息する。

活火山を外輪山が取り囲み、そこに広がる草原では、雪溶け期の「野焼き」をはじめ、春は牛の放牧、秋には採草と、人の手によって維持管理されている。南阿蘇の景観は農家の歴史的営みによってつくられてきたといってもいい。

「無農薬米の生産にしても、エネルギー自給のための草原活用にしても、まいてきた種がようやくつぼみになってきたと感じています。『世界農業遺産』への登録は、自分だけの思いじゃなく、地域のみんなが阿蘇の景観を『社会の宝』として守ろうとしてきたことが、形になったと思っています」

「世界農業遺産」に認定

世界農業遺産は、国連食糧農業機関（FAO）が02年に始めたプロジェクトだ。世界的に失われつつある伝統的な農法や技術、景観づくりなどのしくみを維持してきた地域が選ばれ、現在世界13カ国の31地域が登録されている。

「阿蘇地域を世界農業遺産に」と立案したのは、熊本市のレストラン「リストランテ・ミヤモト」オーナーシェフの宮本けんしんさんだ。「私の店は30席の小さな店。大量生産のものよりも生産者の思いやこだわり、哲学が入っているものを使いたいと考えています。地域のものを積極的に食べる流通をつくれば、商品にならないような農作物もお金にできるし農家の助けにもなります」と、店で使う食材の大半を地元生産者から購入している。

宮本さんは世界農業遺産の認定に向け①人前で自分の意見を伝えられる②文章がかける③英語が話せる——という三つの条件を満たす農家を探した。農家にこだわるのは、「阿蘇の自然や景色の美しさは、農業の活動に頼るところがとても大きい」と実感しているからだ。友人の紹介で大津さんと出会い、求めていた条件を満たす人物だと知る。

そして13年、熊本県知事と3人でＦＡＯの本部があるローマに向かい、翌月には「阿蘇の草原の維持と持続的農業」が認定を受けた。

次世代に「農」のある風景を

自然のなかで、3人の子どもをのびのびと育てている大津夫妻のもとには、たくさんの子育て世代の家族が遊びにくる。取材中にやってきた子どもたちは水たまりを発見、靴で水をかき回し、水たまりを飛び越そうと遊び始めた。

「泥んこになるからやめなさい」と制する親に向かって、大津さんは自分のスマートフォンを取り出し、かつて撮影した泥だらけの子どもの写真を見せながら「楽しそうでしょ。泥なんて、川で落としたらいいのよ」と語りかけた。

「農村は子どもにとって最高の遊び場。子どもたちの表情がこれほど豊かになるとは想像以上のことでした。多様な農村の価値を、今後もブログなどを通して伝えていきたいです」と大

大津愛梨さん（右）と夫の大津耕太さんと子どもたち

津さんは言う。

大津夫婦の暮らしに憧れ、昨年は研修生がやってきた。千葉県でサラリーマンをしていた平井訓史さんだ。

大学時代に過ごした阿蘇がどうしても忘れられず、大津さんの下で農家を志す。「ここは水がきれいで野菜も豊富。温泉まで湧いています。何よりこの景色が大好きです。いつか自分も農家として独立し、南阿蘇の農とともにある景観を守っていきたいです」と言う。

世界農業遺産への認定を機に、農村の高齢化や人口流出など根本的な問題の解決を一歩ずつめざしていきたいと考える大津さんは「ここに住み続ける人を増やし、仕事をつくっていく。そして、子どもたちにいまある阿蘇の風景を残していけるように、種をまいていきたいです」と話している。

（2014年12月／文・上垣喜寛／写真・大串祥子）

4
地域で育て！子どもも大人も

笑顔が生まれる「ばあちゃんち」

熊本市／地域交流サロン「ばあちゃんち」

地域に開かれた家

緑豊かな新興住宅地が広がる、熊本市植木町。西南戦争の激戦地・田原坂《たばるざか》があり、その戦没者を悼んでつくられた小さなほこらをところどころで見かける。

地域交流サロン「ばあちゃんち」はそうした史跡と隣り合わせにある築100年を超える農家で、母屋にはいまも太田隈《ただくま》フジエさんが1人で暮らす。

「ばあちゃんち」を訪れる人は絶えない。休日には近所の子どもたちや学生たち、平日には小さな子どもを連れた親子が、まるで実家に帰るような気安さでやってくる。

隣接する畑を「はだしのじいちゃん」こと、農家の宮田誠さんが駆け回り、その後ろを子どもたちがついて歩く。宮田さんの姿に触発されて靴を脱ぎ、生まれて初めて畑の土の感触を素足で味わう子どもに、若い母親が「どうね、気持ちいい？」と語りかけた。

かたわらでは宮田さんやほかの親子が、２種類の豆とタマネギを収穫していた。昼ご飯の食材だ。

畑から「ばあちゃんち」の納屋に戻るとさっそく下ごしらえが始まる。太田隈さんは子どもたちが収穫したばかりの豆をおしゃぶり代わりにしている様子に目を細める。

「なんでも口にいれらすとね」

「９カ月ですもんね。農薬使ってないけん、安心です」

母親に抱かれた幼子の１人に、太田隈さんがやさしく声をかけた。

「おいしかね？　おいしいねえ」

納屋の台所では、お母さんたちが慣れた手つきで野菜を刻み始める。いつしか近所に住む田畑武子さんも調理に加わりにぎやかさが増す。

太田隈さんの表情がきりりとしているのは、かまどでご飯を炊いているからだろう。傍らに寄ってきた子どもと一緒に、じっと炎を見つめている。

こうして出来上がった昼の食卓を、みんなが笑顔で囲んで味わう。「親の力だけでは、子どもにこういう貴重な経験をさせてあげるのは難しい。本当にありがたい」と母親の１人はしみじみと話した。

暮らしの知恵を取り戻す

「ばあちゃんち」のベースとなったのは2001年に始まった「山東子育て応援団」の取り組みだ。新興住宅地で孤立しがちな子育て世代を支援しようと、保育園や老人クラブ、民生委員、食生活改善グループの約40人が立ち上がった。中心的メンバーでもある山東保育園長の村上千幸《ちゆき》さんが言う。

「声をかければ、地域のなかには伝統食づくりや野菜づくり、伝承遊びなどを教えてくれる人がたくさんいました。こうした活動が軌道に乗ってきたころ、まちの中心部に保育園とは違う子育て支援の拠点が欲しいと思うようになっていったんです」

思いを発信し続けていくなかで出会ったのが太田隈さんだった。夫をみとったあと、1人暮らしをしていた太田隈さんは「地域の人が来てくれるのはうれしい」と二つ返事で引き受けた。05年のことだ。

「山東子育て応援団」や地域の親子連れが太田隈さん宅のふすまや障子を張り替え、改装した納屋には山東保育園からかまどを搬入、その他の家具や器具も有志から譲ってもらったもので賄った。

「あるものでやる。ないものは要らない」と村上さん。耕作をやめていた畑は、宮田さんたちの力を借りながら農地に戻した。

にぎやかな昼ごはん。「ばあちゃん」こと太田隅フジエさん（左から５人目）はいつもにこにこ

再現したかったのは「昭和30年代の暮らし」。自宅で冠婚葬祭をとりしきり、しつけや暮らしの知恵の伝授も、食も、すべてが地域のなかに存在していた時代だ。

「これらを外注化していった現代の家族に残されているのは愛情機能だけでしょうか。でも、外注化が進んだことで家族の結びつき自体が薄れ、崩壊していく例も増えています」

さらに外注化は「わからない」領域を広げ、人びとの暮らしの不安は増していると、村上さんは指摘する。

「お金がないと言いながら、飲み物を買い、スマートフォンや携帯電話を使い、すべての経済活動に疑いをもたずに広告に流されている人びとが増えています。だからこそ、お金を介さずに何かを日常の暮らしのなかから学べる場をつくりたかったんです」

できる人が、やりたいときに

「子どもが人として育つためには『本来の人間らしい暮らし』が必要ではないか」と村上さんは考える。それは四季折々に暑さや寒さを感じ、五感を駆使し、不便を味わうことにほかならない。簡単・便利・快適とは正反対の世界だ。

そんな「ばあちゃんち」に集まってくる母親、父親は、好奇心旺盛で、人とのつながり方を心得ている人が多い。

「自信のない人に一律に元気になれと言ってもそれは無理。まずは元気な人がもっと元気になることが先です。その人たちが知恵のある暮らし方がすてきだと思えば、周りの人たちもきっとまねをしたくなりますよ」

「山東子育て応援団」もまた、ゆるやかな組織だ。定例会も名簿も規約も予算もない。できる人が、やりたいときに、できる範囲で少しずつ応援する。活動が長く続いている秘けつはこの辺りにありそうだ。

応援団の1人でもある田畑さんが「夫の定年退職を機にこの地に移り住み、太田隈さんに良くしてもらったんです。その縁でいま、この活動に関わらせてもらっています」と話すと、宮田さんがこんな言葉を返した。

「何もかも、我、一人《いちにん》のためなり。今日一日《いちじつ》の命、尊し」

どんな事柄、どんな縁もすべて自分のためになるもので、今日もそのつながりや出会いに感謝しながら暮らすという意味だ。

「いまが（人生のなかで）一番幸せ。毎日、子どもたちから力ばもろとる」

太田隈さんが、飛び切りの笑顔であいづちを打った。

（2013年8月／文・高橋宏子／写真・大串祥子）

元ホームレスと子どもたち

福岡県北九州市／生笑一座

話すことが生きる希望に

卒業を目前にした今年（２０１４年）２月、北九州市立江川小学校の6年生たちは、保護者への感謝を伝える謝恩会の場に60~70代の男女４人を招待した。いずれもかつて家を失い路上で生活した経験をもち、いまはＮＰＯ法人「北九州ホームレス支援機構」の支援を受け市内で暮らしている。

４人は同ＮＰＯ法人理事長の奥田知志さんの声かけで「生笑一座《いきわら》」を昨年、結成。福岡県を中心に歌や踊り、ワークショップも交えて、子どもたちに自らの体験を伝える活動を行ってきた。「生きてさえいればいつか笑える日が来る」というのが一座名の由来だ。

４人が初めて江川小学校を訪れたのは昨年11月。母親の死をきっかけに生活が荒れ11年間路上生活を続けた経験をもつ西原宣幸さんは、５、６年生約２００人を前に「自分は独りぼっち、いつ死んでもいいと思っていた」と当時の心境を語った。他者からの支援を拒み続けてきたが、あるとき勇気を出して助けを求めたことで仲間ができ、生きる希望を見い出したという。だから子どもたちに「友だちに話しかけることは大事」とよびかけ、「死んでもいいと思っていたから誰とも話したくなかった。でも生きようと思ったときに言葉が出た。どうしても駄目ならあいさつだけでもいいんだよ」と訴える。

ほかにも、暮らしていた小屋に火をつけられた恐怖や体調を崩したときの心細さ、仲間と支え合った体験などがメンバーから語られた。12月には2回めの授業も行われ、今度は「仲間が大切」「友だちが具合の悪いときはそばにいてあげたい」といった前回の授業についての子どもたちの感想をもとに、つらいときだれかがいてくれることの意味、大切さなどを考えた。

今年1月、4人に宛て子どもたちから30通を超える年賀状が届いた。奥田さんはそのときの4人の様子を「それぞれが震える手で年賀状を握りしめ満面の笑みで報告にきたんです。最高の正月だ、『生笑』やってよかったって」と思い起こす。助けてと言っていいんだよと教える4人が、子どもたちに生きる喜びをもらっているという事実は奥田さんにもうれしい発見だった。

苦しいときも笑顔マックス

謝恩会で子どもたちは「勇気（を出そう）」「（困ったときは）助けて（といおう）」「生きる（大切さ）」「平和を守る」「笑顔マックス」と五つの言葉を紙に書いて掲げ「苦しいときや悲しい

子どもたちが受け止めた５つの言葉

とき、生笑一座のみなさんの顔を思い出すと元気がでてまたがんばろうと思えました」と発表した。

当時の校長だった萬徳紀之さんは「これを考え発表しようと言い出したのは子どもたちです。私たちがこの授業で受け止めてほしいと思ったことが五つの言葉に重なります」と目を細める。

研究会で生笑一座の話を聞き授業を提案したのは、６年生の担任教諭、近藤咲子さんだった。「いまは小学生のころから勝ち組、負け組という意識があります。人生いろいろあるなか、弱い立場でもそれを乗り越えてきた人たちの生の言葉を伝えたかった」と話す。しかし、「元ホームレス」に複雑な思いをもつ人も少なくない。萬徳さんも当初は簡単なことではないと考えもしたが、

謝恩会を楽しむ生笑一座のメンバー。左から西原宣幸さん、房野幸枝さん、松尾寿幸さん、松葉吉一さん

「根本は生きることの大切さを伝えること。この授業で必ず子どもたちに豊かな心が育つ、批判があってもそれは自分が説明できる」と確信し、実行を決断した。

こうして実現した一座を招いての授業について、謝恩会に出席した保護者の1人は「心が揺れ動く成長期にこういう方々に出会えたのは宝。家庭ではみられない心の成長を感じました」と語り、多くの保護者が学校の試みを好意的に受け止めた。近藤さんは「子どもたちは本当に素直に一座のみなさんの言葉を聞き入れてくれました。弱い立場だった子、目立たなかった子が前向きに発信するようにもなりました。自分をチェンジするきっかけや勇気をもらったんですね」と喜ぶ。

「助けて」を受け止める

謝恩会では、生笑一座から子どもたちへ、卒業祝いのプレゼントが贈られた。それは一座からのメッセージと住所、電話番号が記載されたはがきだった。

一座を代表してあいさつに立った西原さんが「これから中学、高校に行き友人関係や受験、恋の悩みも出てくるでしょう。つらいときは1人で考えすぎずにだれかに相談してください。だれにも言えなかったらこのはがきを出してください。おじさんたちが必ず助けに行きます」と話し、子どもたちに手渡した。

この企画を4人のメンバーとともに考案した奥田知志さんは「いまの大人社会は、『助けてと言ったら負け組になる、甘えるな』という空気が支配的です。だから子どもはだれにも助けてと言えず、ある日突然自らの命を絶ってしまいます。それは最悪の事態です」と社会の悪しき流れに目を向ける。これをなんとか食い止めたいとの思いが子どもたちに手渡されたはがきには込められている。

「死ぬことしか考えていなかった自分がいま、こうして笑っている。人は変われるし、状況も変わる。何かあったとき1人でも2人でもそのことを思い出してもらいたいと思って」

一座のメンバーはそう子どもたちの未来に思いをはせた。

（2014年7月／文・宮下睦／写真・大串祥子）

みんなで親子交流

千葉市／おやこカフェ幕張

田んぼでは、稲が青い穂をつけていた。真夏の強い日差しの下、涼風が時折、吹き抜ける。千葉市花見川区にあるＪＲ幕張駅から北東へ歩いて10分。「おやこカフェ幕張」のオフィス兼カフェは、田んぼや樹林に囲まれた一角にあった。

おやこカフェ幕張は、木の椅子作りやフラワーアレンジメント、巻きずし作りなど、親子で参加できるワークショップを企画・運営するＮＰＯ法人だ。２００９年に設立、会員のほか、趣旨を理解する地域の協力者もサポーターとして運営を支え、40人余りが活動に参加している。

子どもを連れて親子で交流できる居場所をつくろうと、10年から幕張のオフィスでカフェをオープン。当初は週1回だったが、現在はスタッフやサポーターにより毎日開かれている。

おやこカフェ幕張の理事長で、6歳、2歳、0歳と2男1女の父親でもある佐藤紘孝さんは「孤立しがちな親たちが子育ての悩みを話し合う地域の居場所として、親子で来られるカフェは有効」と言う。

土曜日のカフェは、茶の専門知識をもつスタッフ、千葉県松戸市の小林千恵さんが運営する。紅茶やハーブティーなど多種多彩な茶葉が用意され、近くに住むサポーターの石井良子さんが焼いた自家製パンが彩りを添える。小林さんは「カフェでのひとときを親子でくつろいでもらえたらうれしい」と話した。

親子で木の椅子を作る

8月初旬、おやこカフェ幕張の敷地で、木の椅子作りのワークショップが開かれた。

参加したのは、千葉市内に住む4歳から6歳までの子どもとその親5組12人。サポーターである建築事務所社長の武田哲郎さんの指導で、木の椅子作りに挑戦した。県産スギの板木を組み合わせ、トンカチでくぎを打ち込んで、子どもが座れる椅子を作った。

子どもたちはみんなやる気満々で、トントンカンカンとトンカチでくぎを打つ音が鳴り響き、親子の会話も弾む。しかし、くぎを板木に打ち込むのはなかなか難しく、手の指を打って泣き出す子もいた。大きなテントを張って日差しを防いだが、うだるような暑さで、みんな汗ぐっしょりだ。それでも親子のチームワークで何とか完成にこぎつけると、「できたっ！」という元気な声が上がり、子どもたちの笑顔がはじけた。

千葉に引っ越してきて2年という松本美和さんは、小学校1年生の娘と参加した。娘はトンカチを触るのもくぎを打つのも初めてで、「トンカチって何？」と聞かれたという。「親子で椅子作りを楽しめた。地域のつながりをつくる意味でも、こういう企画はありがたい」と松本さん。

この日、父親としては唯一の参加者となった野尻喜昭さんは小学1年生と4歳の男の子、それに妻の家族4人連れ。ふだんはこうしたイベントにはめったに参加しないというが、この日は息子たちがくぎ打ちに苦戦するなか、見本を見せたり、こつをアドバイスしたりと奮闘、大いに父親の存在感を示した。椅子が完成した後、野尻さんは「暑くて大変だったが、子どもにもいい経験になったと思う」と汗を拭った。

空き店舗をコミュニティーに

おやこカフェ幕張では、昨年（2013年）2月から100冊の絵本をそろえた「幕張えほん図書館」を店内に併設している。

理事長の佐藤さんは「親世代だけでなく、祖父母の世代がその場に居合わせた子どもたちに絵本の読み聞かせをするなど、カフェを多世代が交流できる居場所にしたい」と意気込む。

また、本業が建築家である佐藤さんが注目しているのが、空き家や空き店舗のリノベーション（修繕）だ。最近、全国で空き家や空き店舗が増えて社会問題になっているが、町内会や自治会、商店街などが空き家や空き店舗を修繕してコミュニティー・カフェにし、地域交流の拠点にしたらどうかと佐藤さんは発案した。

実はＮＰＯ法人のオフィス兼カフェも、すし店だった空き店舗をリノベーションしたもの。千葉県産のスギをふんだんに使っているため、香りがよいだけでなく、靴を脱いで上がると床の感触が心地よい。カフェの端には、枝を付けたまま加工した太いスギの柱があり、子どもが木登りをして遊ぶことができる。

「親子の居場所となるコミュニティー・カフェが各中学校区に1カ所あったら素晴らしい。今後はそうしたリノベーションのお手伝いができればと思っている」

空き家や空き店舗を地域の居場所に変えるのは、マイナスをプラスに転じる一挙両得のアイデアだ。全国の商店街や町内会も一度は検討してみる価値があるのではないだろうか。

（２０１４年10月／文・瀧井宏臣）

地域が育てる「自由」な遊び場

東京都世田谷区／きぬたま　あそび村

東急田園都市線が遠くに見える多摩川沿いの河原で、毎週水曜日と土曜日に開かれる「きぬたま　あそび村」は、２０１４年に15周年を迎えたプレイパークだ。

「長男が小学校に上がるとき、世田谷区に引っ越してきました。しばらくして、子どもたちが外で全く遊んでいないのに気がついたんです」

そう話すのは、あそび村の発起人であり代表の上原幸子さんだ。当時、上原さんの子どもやその友人たちは、家に集まりゲームばかりしていたという。自分が子どものころは、近所には行けば誰かがいて一緒に遊ぶことができる場所があった。それがいまはないことに気づいた上原さんは、同じ思いをもつ母親を募って、１９９９年にあそび村を立ち上げた。

「責任」と「自由」

取材当日のイベントは紙飛行機作り。それ以外にも遊びの選択肢はさまざまで、何をするかは子ども次第だ。

ツリーハウスに夢中の子もいれば、ベーゴマを回す子もいる。スタッフが手際よくおこした火の横では、子どもたちが野菜を切る。子どもたちの日常から遠ざけられがちな刃物や火も、ここではあたりまえのように使われる。

15年にわたる遊び場作りは順調なことばかりではなく、問題は最初から発生した。多摩川の土手にブルーシートを敷き、水を流してウォータースライダーを作った初回イベントで、子ども同士が衝突してけがをしてしまった。

幸い大事には至らなかったが、子どものけがについて「責任をおえるの？」と周囲から声があがった。

「けがについては、いつか考えなければいけなかった問題ですし、どう向き合うのか考えるきっかけになりました」

あらためてどのような遊び場を目指すのか話し合いを重ね、けがを恐れて規制するのではなく「子どものやりたい気持ちをそがない」ことを最優先すると決めた。こうして、いまも続く「自分の責任で自由に遊ぶ」という方向性が定まった。

親でも教師でもない大人

現在、あそび村の運営スタッフは約30人。子育て中の人、妊娠中の人、子どもの手が離れた

子どもにも大人にも大人気のツリーハウス

いる。

人などさまざまで、地域住民が中心だ。そして、だれもが他人の子にも「仲間」として接して

「ここの魅力は、あそびを通して、親と子でも、教師と生徒でもない大人と子どもの関係が生まれる点にあると思います」

そう話す運営スタッフの村上ゆかさんがあそび村に来るようになったのは、「アートの日」に、子どもに絵の具遊びを教えるためゲスト参加したのがきっかけで、利用者として訪ねた経験はなかったという。あそび村だからこそ生まれる大人と子どもの関係に魅力を感じ、自分にとっても居心地のよい場を自分自身で支えるのが大切との思いから運営に参加した。

あそび村のようなゆるやかな地域コミュニティーは、親にとっても大切な場所だ。「冒険遊び場と子育て支援研究会（KOPA）」が05年に実施した公園利活用調査に参加した上原さんは、そこでコミュニティーを失い、仲間を求めている親の存在を知った。「公園がコミュニティーだったのは過去の話。いまは、親と子だけで孤独に遊んでいる状況です」。

外部からの働きかけやコーディネートが必要と感じた上原さんは、07年から月に数回「ちびたまあそび村」と称し、近くの公園への出張も始めた。「リヤカーで遊び道具を運びます。一時のイベントではなく、日常的につながることが大切。地域の人と知り合うきっかけの場ができればと思っています」。

孤独から循環へ

元気に駆け回る子どもたちも、子育ての相談をする大人たちも、あそび村ではだれもが肩の力をぬいて過ごしている。7歳の長男と、生後数カ月の子どもを連れた常連の女性は「みんなで子どもを育てているのがいいなと思います。子どもと親が一対一ではなく、共有空間で育てている感じ。ここにくるまで、子どもと一対一で孤独だった」と話す。

新しい試みも始まった。14年5月、あそび村のある河原からほどちかい住宅地の一軒家に「きぬたまの家」をオープン。乳幼児をもつ親を対象とした「おでかけひろば」と併せて一時預かりを行っている。おでかけひろばは平日の午前10時から午後3時までで、好きな時間にやってきて自由に遊ぶことができる。

「今後は、あそび村ときぬたまの家を人が行き来するようにして、子どもたちの遊びの幅をもっと広げていきたい」と上原さん。15年の月日を経て、かつてあそび村で遊んでいた子どもが、スタッフの手伝いに来ることもあるという。利用者だった親が、子どものため、自分自身のためにと運営に参加するのが、あそび村では日常になりつつある。

（2015年1月／文・高田沙織／写真・丸橋ユキ）

5 暮らしを支え合う地域コミュニティー

店が育むコミュニティーの自治

沖縄県国頭村／奥共同店、与那共同店

暮らしに息づく共同店

「共同店」発祥の地は、沖縄本島北部にある国頭村《くにがみ》の「奥《おく》」という小さな集落。誕生は1906年で明治時代の末期、貨幣経済が本格的に入ってきたころだ。以来106年間、住民共同の出資、運営という形態はいまも続いている。

「奥共同店」理事の糸満盛也《いとまんもりや》さんは当時をこう振り返る。「出発点は、外部資本への抵抗ですよ。他から入ってきた商店に地域の財産を全部もっていかれるのが嫌で、防衛策をみんなで相談しました。その時、個人商店を経営していた方が、店を提供するから集落で運営したらどうかと。そこから始まったんです」。

以後、赤ちゃんを含め集落住民すべてが株主となり、方針は総会で決定、理事や店の主任などの役員は選挙で選出、決算を報告して利益が出れば住民に還元するという基本的なしくみが整った。日用品の販売から始まった店の事業は、農林産品の加工や共同出荷から発電にまで及び、暮らしに必要な機能の提供とともに、その売り上げは住民の暮らしを支えてきた。

「いま、80歳以上のおじいやおばあは、共同店が親代わり。小さいころから店に面倒みてもらっています」と糸満さん。親が畑仕事でいないときには店ですごし、病気やけがの際は無利子で医療費を借りた。共同店は奨学金にも力を入れ、多くの子どもたちが店のお金で学校に行ったという。

その後、「奥」の成功を見本に、大正、昭和を通じて沖縄北部のほぼ全集落に共同店が生まれた。最盛期には１００店以上あったが、近年は交通網の発達や過疎化により、店を閉じるところも多い。現在は北部を中心に60あまりの店舗が運営を続けている。

１３００人いた奥の人口はいま、２００人を切るまでに減少した。若い世代は車で名護市などの大手スーパーやコンビニエンスストアに行き買い物をする。共同店には買い足しに訪れるのが主で、頻繁に利用するのは車での移動がままならない高齢者だ。

「確かに店の求心力は薄れてきています。それでも年寄りにとってはなくてはならない場所だし、小学生に、奥の誇れるものは何かと聞けば〝共同〟という言葉がでる。ＤＮＡに組み込まれているくらい共同の意識は強いんですよ」と糸満さんは言う。店の活性化に向け、住民だけの利用に頼らず外からの交流人口を増やすことや経営の効率化など、さまざまな工夫を検討している。

新しいつながりと可能性

変わりつつある共同店だが、最近は新たな注目も集まっている。那覇市など都市部に住む人たちを中心に結成された「共同売店ファンクラブ」が、県内外にアピールし、徐々にその存在を知る人が増えているのだ。

事務局の眞喜志《まきし》敦さんは、親の出身地にあった共同店が閉店したことをきっかけに興味をもち、そのおもしろさに気付いた。「自分たちでお店をつくって運営しているというのがすごい。しかも行政からの指導などではなく、各集落が自発的にです。それがほとんど知られていないのは実にもったいないと、勝手に応援することにしたんです」。会費も入会規定もなく、ホームページで共同店の歴史や特徴を紹介したり、共同店マップをつくったりと、緩やかな活動を続ける。

「集落の人は『共同店なんか時代遅れでどうせなくなるから応援しなくていいよ』と言います。でもそれは本音じゃありません。店をなくすかという話し合いになれば年寄りを殺す気かと大変です。歩いて行けるところに店があって、日々だれかと話せる、実はいまもすごく重要な役割を果たしているんです」と眞喜志さんは言う。

沖縄大学人文学部教授で長年、共同店の研究をしてきた宮城能彦《よしひこ》さんは同ファンクラブの顧問を務める。「いまは確かに停滞感があるところもありますが、決して悲壮感はなく、自分たちのことは自分たちでやろうという精神が基本にあります。デイサービスに場所を提供する新たな試みを始めた店もありますよ」とその潜在的な力を評価する。

最近では、宮城県や大分県など、高齢化や過疎化に悩む地域で、共同店をモデルに同様の店を導入する事例が増えている。「外の人が応援している、本土が参考にしていると伝えるだけで、集落の人は元気になる」と2人は口をそろえる。新しいつながりができることで、地域の人があらためて店の価値を発見し、店の存続や盛り上がりにつながることがファンクラブの願いだ。

ここで生きていきたいから

そうした外からの応援も得て、共同店を地域再生の拠点にしようという動きもある。奥から車で約30分、同じ国頭村の与那地区にある「与那共同店」もその一つだ。

「いまは元気で車があればどこでも行けるけど、将来を考えたら気軽に遠くに行けなくなる日は必ず来るから」と、同店主任の辺野喜《べのき》オリエさんは自ら進んで主任となった理由を話す。与那地区も人口は200人あまりで減少が続く。それでも共同店を拠点に集落を元気にしていけば、若い世代も増え自分も安心してここで暮らしていけるというのが辺野喜さんの思いだ。「経営は厳しいけど、あれこれみんなで相談しながらやってるから、その工夫が楽しいのよ」と言う。

与那区長の津波《つは》敏久さんは「相談は随時。いつでもここでみんなで顔をあわせて、何の売り上げが伸びて何が駄目か、どう改善するか、言い合うのさ」。店内の相談から生まれたアイデアはたくさんある。たとえば、地域の共同作業の報酬（手当）や運動会の賞品はすべて共同店の商品券。現金は外に出さず、地域内で回していくための知恵といっていい。

理事の1人、大城靖さんは、与那地域の景観や歴史、ヤンバルクイナなど動植物の観察を目玉とした集落案内ツアーを企画する団体を主宰する。参加者の弁当は店が用意し現金収入を得る。主な実務は集落の有償ボランティアが担い、その報酬は商品券だ。「若い人たちが住める環境づくりで、一番必要なのは仕事です。何か生み出していかなければと店を中心にいろいろ考えているんですよ」。

いま話し合っているのは、店にレストランを併設し、総菜を販売したり集落の高齢者を集めて週に1回の食事会をしたりする計画だ。そのためにも店の経営は重要になる。利益が上がればそれを新しい事業のために回せる。「店の経営状況をみんなに伝え、利用しないとつぶれるよと声をかけることが大切なのよ」と辺野喜さんは笑う。

高齢社会に共同店型モデルを

「共同店の今後を考えると二つのモデルがあっていいと思うんですよ」とファンクラブ顧問の宮城さんは言う。一つは、与那共同店のように積極的に新しい事業をすすめること。もう一つは、お年寄りのより所としてとにかくつぶさないこと。

多くの共同店には店内にテーブルとイスが置かれ、買い物客も一休みしていく。
与那共同店で、左から辺野喜オリエ主任、津波敏久区長、大城靖さん

与那共同店。数少ない集落の子どもたちが店の前で遊ぶ

「共同店があるだけで、社会とつながれるんです。自分でメニューを考え、歩いて出かけ、人と話し、料理をします。そうでなければだれかに買い物を頼むとか配食サービスを使うとか、すべて受け身になります。店があることが自立支援、セーフティーネットになります。新しい何かを無理にやってつぶれてしまうより、細々と現状を維持する方がいい。極端な話、収入は年金だけでも、お年寄りが楽しく暮らせ若者も生活できる、そういうモデルができないかと思っています」。共同体が強いという沖縄の独自性はあるが、それを差し引いても、共同店は都市の高齢社会づくりのヒントになるのではないかという。

一方、ファンクラブ事務局長の眞喜志さんは共同店の存在意味をこうも分析する。「小さな店だけれど、そこには〝経営〟があり〝ビジネス〟があります。それを民主的に運営していくのは容易ではありません。その負荷があるからこそ、集落のなかにはいやでも自治する力や支え合うしくみが育ってきたと思うんです。その力があれば状況がどう変わっても、これから必要な機能をまた自分たちでつくっていけるのではないでしょうか」。

超高齢社会をどう迎えるか。新しいコミュニティーのヒントがそこにはある。

（２０１２年10月／文・宮下睦／写真・永野佳世）

〝問題解決〟の専門店街へ

和歌山市／みその商店街

みんなの居場所がここにある

ＪＲ和歌山駅を降りて1、2分ほど歩くと、大きな看板にアーケードといった昔ながらの商店街が現れる。平日の昼だから仕方がないが、歩く人影は確かにまばらでシャッターを閉めた店舗も目立つ。だが、少し奥に進むとベビーカーを押す若い親子連れ2組が、並んで歩いていた。

行く先はつどいの広場「わかば♪」。和歌山市からの委託でＮＰＯ法人「和歌山こどもの広場」が運営する商店街の中央にある親子広場だ。利用は無料、絵本やおもちゃも豊富で、ＮＰＯのメンバーがスタッフとして常駐する。1日20組ほどの親子が入れ替わり訪れ、思い思いの時を過ごしていく。

この広場の向かいが、社会福祉法人「一麦会・麦の郷」を運営する福祉関連事務所の入った建物だ。2、3階が訪問看護ステーションなどの事務所で、1階に一般社団法人「共助のまちづくり協会」が麦の郷からの委託を受けて運営する「アートサポートセンターRAKU」がある。障害者による絵画、書道などのワークショップ開催やギャラリーなど、さまざまに使える障害者アートのためのオープンスペース。同RAKU理事長の島久美子さんは「自分にもこんなことができるという発見、表現や創作の喜びを感じられる場や時間を提供したい」と話す。

さらに通りを1本隔て、NPO法人「和歌山盲ろう者友の会」の事務所兼手織り工房がある。ヘレン・ケラーと同じ、視覚と聴覚両方の障害をもつ盲ろう者は、家では家族とのコミュニケーションさえ難しく、日常的に孤独を感じている。いつでも通える居場所づくりは、友の会の長年の願いだった。ここにくれば、盲ろう者のためのコミュニケーション手段である触手話を使ったり、介助者の支援を通して多くの人と交流できる。補助金で4台の織り機を設置、指の感触を頼りに糸を繰り布を織る楽しみもできた。織り機は一般にも有料で開放、商店街の客や近所の人も機織り体験をしにやってきては買い物や飲食を楽しんでいる。「盲ろう者の存在を身近に感じてもらえるのが一番」と事務局長の瀬戸節子さんは言う。

同じ通りを進むと「ほっこりさん」というのぼり旗が見えてくる。高齢者疑似体験、子育て支援事業などを行うNPO法人「WACわかやま」が運営する高齢者の居場所だ。スタッフは60歳以上の女性ばかりで80歳を過ぎた人もいる。「高齢になってもみんなで集まって好きなことができる場所がほしかった」と理事長の中村富子さん。家賃と維持費を賄うため、定食屋を経営する傍ら、ヨガやパソコン教室、貸し会議室などの事業も行う。

こうした福祉関連団体に加え、みその商店街には、市民野球チームをはじめ、高齢者の生活相談や障害者の学習支援などを行う13の市民団体が事務所や店舗を構える。

市民事業と商店街のマッチング

みその商店街への市民団体の誘致を進めたのは、県内全域でNPOなどの公益事業を支援する民間組織「わかやまNPOセンター」だ。

高度成長期には80以上の店が軒を連ねた同商店街では、バブル崩壊後に廃業する店が相次ぎ、空き店舗率は6割以上に及んだ。文字通りのシャッター街化が進むなか、わかやまNPOセンターがこの地に事務所を構えたのが2007年。以後、関係する市民団体に積極的に声をかけ、現在は6割の店舗が活用されている。

「NPOなど社会の課題解決を目指す事業は商店街とマッチする、と仮説をたてたんです」と同NPOセンター副理事長の有井安仁さん。

ともに小規模で専門性をもち、対面によるコミュニケーションを重視する市民活動に関わる人たちは「目の前にある課題を放っておけない」という気持ちが共有でき、地域ともつながりやすい、商店街と市民活動をうまく組み合わせたら新しい形の地域コミュニティーができるのではないかと考えたのが始まりだったという。

とはいえ、すべてが順調に運んだわけではない。「当初、商店主さんたちにしてみれば僕らはよそ者でしかなく、ＮＰＯなんてエイリアンみたいなものでした」と有井さんは振り返る。

そんなとき、商店街で事件が起きた。シャッターが閉じられた店の2階に住む人の孤独死だ。住居と店が併存する商店街では、商売をやめれば人との接点はなくなり暮らしぶりも見えにくい。高齢者の1人暮らしも多いなか、その事実は衝撃だった。

「こんなことを起こしてはいけない。もっと人が出入りするようにしなければ」と、メンバーは本気で商店街に関わる決意を固めた。有井さんも自分の問題として関わろうと、自ら事業を始め商店街組合に加盟、組合運営にも関わるようになっていく。同ＮＰＯセンターが企画した商店街でのイベントの成功などをきっかけに、ＮＰＯの存在は徐々に商店組合に認められていった。

商売をやめてもすぐに経済的に困る店舗の持ち主は少なく、トラブルや面倒を避けて積極的に入居者募集はしない。だが、しっかりと話をすれば貸してくれる持ち主は必ずいると、地道に探し求め、同意を得ては事務所を借りたい団体に話をつないだ。こうして1軒また1軒とシャッターが開いていった。

地元力の再生を

商店街では昔ながらの精肉店や鮮魚店も少数ながら商売を続けている。増田二彦《つぎひこ》さんは、代々この地に続く精肉店の4代目で、商店街組合の副理事長も務める。「人の出入りがあるようになってうちの総菜もよく買ってくれる。閉まっているよりはずっといい。障害者自立支援なんかもいいことだね」と理解を示す。ただ「NPOが入ったから商店街が活性化するかといえばそこは難しい。商店はモノを売るのが中心だから、事務所だけではやはり集客力が……」とも。

有井さんたちもその点は十分承知し、まだ始まったばかり、先は長いと考えている。それでも、この5年間で空き店舗全体の2割近くの持ち主が理解を示し、店を貸してくれるようになった。入居者との関係も良好で、物件の仲介について自分から声をかけてくれる人も現れた。

つどいの広場「わかば♪」を訪れる親子連れ

「かつては食料や衣料品、日用雑貨を買うことが商店街に来る目的でした。いまそれは郊外の大型店で間に合う。

それで地域の生活に支障がなくなったかといえば、子育て中の親子や高齢者の居場所、障害者の表現の場がないなど、むしろ課題は多様になっています。そんな悩みに応え、解決策が手に入る場所が集まっていれば、地域の人たちにとって必要な場所になるはずです」とこれからの商店街をイメージする。

いまも市民団体は、事業継続のための財源確保という切実な問題を抱える。家賃を補助金に頼る団体も多く、打ち切られれば撤退を余儀なくされる。どこも独自の事業で工夫を重ねるが綱渡り状態は続く。

有井さんは昨年、NPOセンターとは別に一般財団法人「わかやま地元力応援基金」を立ち上げた。たとえ利幅は薄くても地域に必要な市民事業に対して、行政に補助を要請するだけでなく、その意義を地域に伝えて共感を広げ、寄付を募ろうという試みだ。基金名を「地元力」としたのは、地域を元気にするには、市民団体だけでなく地元に昔からある組織も含めいろいろな人の協力や参加が必要との思いからだ。

「新しいものをつくって消費するより、いまあるものの価値、魅力を引き出す方がいい」と有井さん。その象徴が、みその商店街なのかもしれない。

（2013年7月／文・宮下睦／写真・尾崎三朗）

唯一のガソリンスタンド守り、在宅福祉も推進

長野県泰阜村／地域を守り在宅福祉を支える人びと

急しゅんな山の斜面に19集落が点在する長野県南部の泰阜村《やすおか》。人口約1800人、740世帯ほどが暮らす。集落は標高300～800メートルほどの山間に点在し、信号もなければ国道や県道といった幹線道路も通っていない。

そんな山中に1軒しかないガソリンスタンドが、廃業の危機に見舞われた。もし、なくなれば、高齢者が多数を占める村の生活に支障が出るのは確実だった。

住民出資のガソリンスタンド

国内のガソリンスタンド数は1994年度末の約6万店をピークに17年連続で減少し、2011年度末は約3万7千店となった。さらに地域にガソリンスタンドが3カ所以下の自治

体は257市町村で、全国の市町村の15%を占める。泰阜村もその一つだ。しかも村内には「みなみ信州農協（JAみなみ信州）」が経営する「泰阜北サービスステーション」しかない。

村民にはなくてはならないガソリンスタンドだが、その閉鎖を同JAが決めたのは08年。背景には3年後の11年2月に施行された消防法の改正があった。同法はスタンドの地下に敷設したガソリンタンクに老朽化や腐食の恐れがある場合の交換を義務づけた。対応するには最低2000万円の資金が必要だったが、不採算事業への設備投資はかなわなかった。

「ガソリンスタンドは車に乗る人だけのものではありません。軽油がなければ農業機械は動かせないし、灯油の配達がなければ冬の寒さをしのげません。高齢化が進むなか、スタンドがなくなれば、村にとっては致命傷ともいえる深刻な影響が出ると思いました」と平栗実さん。同JAの職員だったこともあり、「何とかしたいという気持ちが強かった」と言う。

閉鎖は村の寄り合いの話題にもなり、その存続を願う人たちの輪が広がっていく。やはり元は同JA職員で、退職後はスタンドに併設された日用品販売店の経営を引き継ぐことにしていた中沢末夫さんも話し合いに加わった。

最大の懸念は地下タンクの交換費用2000万円の工面だった。平栗さんや中沢さんを中心とする村民有志は村と農協に掛け合い、それぞれ1000万ずつの費用負担については了承を得た。だが、それだけでは赤字経営を続けてきたガソリンスタンドを維持するのは難しい。この問題の解決には、村民自らが出資し、利用し、運営にも参加する団体を立ち上げ、そこが経営を引き継ぐ必要があると村は判断、1口1万円の出資を村民に呼びかけた。これに184人が応え、計392万円の出資金をもとに09年4月、経営を担う「やすおか振興センター」が設立された。

小林友江さんは出資者の1人。「細い山道を抜け、市街地の給油所に行くには片道30分以上かかります。それが村の給油所なら5分で行けますし、農作業のあとに寄っても、『汗臭くてごめんね』で済む気兼ねのなさもあります。村に給油所がなくなったら絶対に困ると思い、出資させてもらいました」と話す。新設された同振興センターの所長には、中沢さんが就いた。「スタンドの面倒もみてくれないか」という平栗さんらの熱心な勧めに応じた中沢さんは「一度閉鎖してしまえば再開は不可能。そうなると困る人がたくさんいるわけです。どこまでやれるかと悩みましたが、引き受けようと腹をくくりました」と笑う。

在宅福祉で暮らしを守る

1980年代にはすでに村民の2割以上が65歳以上となった泰阜村。「住み慣れた地域で暮らし、わが家で死を迎えたい」との村民の声に応え、村では自宅で暮らす高齢者に必要な援助をする「在宅福祉」を推進してきた。その役割を担う「泰阜村社会福祉協議会」では、現在48人の職員（臨時含む）が在宅福祉事業に関わり、各利用者のニーズに応じたサービスを展開している。「調子はどう？」「今度の冬の寒さは乗り切れるかな」などと言葉を交わしながら、夕食の弁当を届けては、利用者の様子にいつもと変わった点がないかをチェックする。

「利用者や家族の細かな状況を知った上で介護にあたっています。村の人にとっては当たり前なことですが、都市部ではなかなか実現しにくいサービスではないですか。泰阜は人口も少なく小さな村ですが、これを強みにした福祉を進めていると思っています」と泰阜村診療所医師の島田恵太さん。いまも村の医療を1人で担う。

99年、政府主導で行われた「平成の大合併」で合併を選択しなかった泰阜村は、財源確保の厳しさが増すなか、翌年の介護保険制度の施行・改正で、利用者負担分の60％を村が補助する独自の介護制度を整えた。

「『どんな状態でも診ますから、住み慣れた家に連れて帰ってきて大丈夫』と、お年寄りを抱えた人には話しています。在宅福祉の村における医者の役割は、日常的に患者さんの様子を見て回り、その人が自宅で人生の終えんを静かに迎えられるよう努力する、〝みとり〟にあると僕は考えています」（島田さん）

自助・自立の気概をもって

泰阜村には「国策は必ずしも国民を幸せにしない」という先達の教えがある。同村は36年に国が決めた満州分村に従うことを決め、村民約1200人が中国大陸に移住、敗戦時に多くの犠牲者が出た。教えはこの苦い歴史を後世に伝えたものだ。それを信条とする村長の松島貞治さんは「自分たちがこの地で生きていくために必要なのは、自分たちの判断に基づいて問題を解決していく力。制度や法律頼みをしているだけでは、とても村民の暮らしは守れません」と訴える。

こうした自助・自立の精神から生まれた「おらほ（自分たち）の村のガソリンスタンド」は、今年で営業開始から4年目を迎えた。売り上げは毎年増え、やすおか振興センター所長の中沢さんの息子で、プログラマーをしていた雄策さんが神奈川県からUターンして、ガソリンスタンドの社員として働くようになった。

中沢さんは「このガソリンスタンドは村にとってみれば福祉事業の一環、村の生活を支える縁の下の力持ちともいえます。利用者がいる限り、歯を食いしばってでも頑張ります」と目を細める。出資した小林さんも「一生懸命やってくれる店主がいる以上、自分たちもがんばって利用していかにゃいかんね。この住み慣れた村を守っていかにゃならんもんね」と笑顔で話した。

（2013年11月／文・上垣喜寛）

みんなで支える近所の畑

千葉県我孫子市、柏市／わが家のやおやさん 風の色

畑にわたる風を感じて

「作業の合間にふと顔を上げると空がとてもきれい。畑で感じる風や季節感、この気持ちよさも野菜と一緒に届けられたらと思うんです」

そう話すのは、千葉県我孫子《あびこ》市、柏市の周辺で農業を営む細渕有里さん。大学の園芸科でともに農業を学んだ今村直美さんと女性2人の農園「わが家のやおやさん 風の色」を始めて5年になる。

農薬や化学肥料を使わず、土の力、植物の育つ力を信じて栽培するのが農園のコンセプトだが、それ以上に2人が力を注ぐのは「畑を通じて人とつながる」ことだ。

当初はインターネット販売や飲食店への納品を中心にしていたが、原発事故を経て、2013年5月から会員登録者に年間予約による宅配を開始。現在は、我孫子、柏の両市を中

心に30人ほどの会員に野菜を届ける。ジャガイモ掘りや「『畑でご飯!』の会」など会員とのイベントも企画、会員といっしょに栽培した大豆を収穫し、みそづくりを楽しむ年間プロジェクトも進行中だ。

「ともに作業をしてくれたりスケッチに来たり、毎日だれかしらが畑に来ます。労働力として当てにするより、むしろ畑の土の感触や居心地がいいとか、野菜がこんなふうに育っていると感じてもらうのが私たちのモチベーションになります」と今村さん。細渕さんは「みなさんと話しながら作業するのが楽しくて。次はどんな野菜をつくろうか、会話のなかからアイデアも湧いてきます」と話す。

大学時代に「『新鮮な農産物も生産に伴うリスクも消費者と農家でシェア、地域で農業を支える』地域支援型農業(CSA)」を知り、そんな関係ができたら楽しいだろうなと憧れていたという。だが、実際に農業を始めると農薬を使わないため虫食いになったり、大量に作付けして販路に困ったりと、当初は農園の経営を軌道に乗せるだけで精いっぱいだった。それでも、自分たちらしい農園のあり方や納得いく農産物販売の方法について常に悩み、2人で話し合って乗り越えてきたという。

ようやく野菜づくりがうまくいき、販路も広がり始めた矢先、東日本大震災と福島第一原発事故が起こった。

地域に暮らす人びとと

「この周辺の放射線量が高いと報道され、それまで購入していた人はほとんど離れていきました。一番悩んだのはこの野菜を食卓に届けていいのかという点です」と今村さん。「柏の野菜なんて食べたくない、そんな野菜を売って大丈夫か」という消費者の言葉も耳に届いた。自分の育てた野菜の安全性に確証が得られず、やめようという気持ちの方が大きかったという。それでもとにかく放射線量を測ることから始めようと、民間の検査機関や市の農政課に出向き、土壌、肥料、野菜などきめ細かく計測したデータを積み重ねた。

ちょうどそのころ、生産者と消費者の関係を取り戻そうと、柏市周辺の農家や流通業者、飲食店主が消費者と同じテーブルに着き話し合う「『安全・安心の柏産柏消』円卓会議」が発足した。

「最初は責められるのではないかと怖かったですね。でも、消費者も自分たちがこの地でどう暮らしたらいいか、同じように悩んでいるのがわかって、これは農家だけの問題じゃない、もう少しがんばってみようと思いました」(今村さん)。何度も計測を繰り返したが、2人の育てた野菜からは、結局ほとんど放射性物質は検出されなかった。この科学的な裏付けが継続を決める力となった、と語る。

その経験が、この農園の新たな一歩へとつながっていく。

畑にある休憩所は２人の手作り。会員と市民団体との CSA についての学習会も開催

「立場は違っても同じ地域に暮らす人たちと話していたらそこに自分たちの畑のあり方が重なって、ずっと考えてきたＣＳＡというスタイルが自然に形になりました」

こうして会員登録と年間予約に基づく宅配と交流を重視した現在のスタイルが誕生した。いまでは、就農当初目玉としていた無農薬をことさらにアピールはしない。放射能汚染の情報が錯そうするなか、２人が出した結論は「信頼できる人の言葉や情報を根拠にしよう」だった。

会員として野菜を購入してくれる人たちに、自分たちもまた信頼される存在になることを願い、「無農薬だから安全」ではなく「あの人がつくった野菜だから安心」という関係性を食べる人と築くことを目指す。

台所から畑を

この（2013年）6月、農園を支える頼もしいグループが誕生した。会員有志5人が結成した「ベジラボ」だ。畑で採れた野菜の食べ方、保存法などを研究し、レシピとして全会員に発信する活動を担う。「ここの畑からは、市販ではあまり見かけない珍しい野菜が届くし、旬のときには同じ野菜ばかり届きます。せっかく新鮮で無農薬なのに使い方がわからなくて無駄にしたらもったいないです」と代表の大瀬由生子さん。大瀬さんは料理研究家でもあり、いわば食のプロだ。

他のメンバーも「訪れるたびに畑の表情が違い、野菜の育つ風景を知っているだけで、台所に立つとなんだかホクホクします」「この畑で育った野菜なら、規格外や虫食いでも粗末には扱えません。相談してもらえればいくらでも利用法を考えます」と、畑と野菜の魅力を口々に語る。

また、登録会員のほか、地域の飲食店や施設にも野菜を届ける。近隣の高齢者向け住宅「ダンデライオン」もその一つ。調理士の成島邦彦さんは、自ら畑に通い農作業も手伝う。「シャーベット状の飲み物にして毎朝提供するから、多少形は悪くても大丈夫。旬のものが鮮度よく届くので栄養的にもすぐれているし味も濃い」と今村さんたちの野菜の質の高さを評価する。

今村さんたちの野菜を購入する人たちは「放射能への不安がないわけではない」としながら

も、販売する野菜の検査をし、結果を丁寧に説明する2人に厚い信頼を寄せている。「ベジラボ」メンバーの川浦智子さんは、原発事故後、自分の基準をもって判断することの重要性を実感したという。「西日本産というだけで、どう育ってきたかわからない野菜よりは、2人があの畑でつくったとわかる方がずっといい」と断言する。

同じ思いをシェアする関係

「以前は畑は私たち2人だけのものと思っていましたが、それは違うな、私たちだけのものではないなと自然に思うようになりました」と今村さん。いままでは「畑はみんなのもの。自分たちは主に野菜の育成や畑の管理を任されている」という感覚になってきたという。

原発事故の前は、利用する人がほしい時に申し込めるインターネット注文が中心。いつ来ているやめるかわからない人たち相手の事業だったが、いまは、顔も家族構成もわかる人に向けて野菜をつくり、畑とのつきあい方も変わった。

「しっかりつくって売らなければと気負いばかりが先行しがちでしたが、いまはみんなが支えてくれます。同じ思いをシェアしている自信のようなものがあります。力が抜けて農作業がもっと楽しくなりました」

まだ十分に採算がとれているとはいえないが、収入も震災前を上回った。自分たちの技量があがったことが主な要因としながらも、「経営のスタイルが変わったから以前と比べても意味がない、入る収入は同じでも充実度はまるで違う」が実感だ。

「食材の提供という意味では、ここの野菜だけで食卓のすべてを賄うのは難しいかもしれません。でも、これからはこんな農業のスタイルもあっていいのでは?」と2人は笑う。畑の心地よさ、収穫の楽しさを多くの人と味わうことをめざしている。

(2013年12月/文・宮下睦/写真・御堂義乗)

なぜ、住まいをシェアするのか？

東京・渋谷／シェアハウス

他人同士が、心地よく暮らす

東京・渋谷に近い、買い物客でにぎわう商店街を抜けると、一転して閑静な住宅地が続く。その一角に建つ、ごく普通の一軒家に、30～40代の女性4人と猫2匹が暮らしている。

「シェアハウスをしているという意識は、実はあまりないんです。単に4人で同居している、という感じ」と入居者の松本真紀子さんが、いまの暮らしを語る。

「シェアハウス」とは、個人部屋のほかに、台所や風呂などの共有スペースがある共同住宅。欧米の若者には一般的な短期滞在型共同住宅などをモデルに、日本でも20～30代の社会人を中心に人気を集め、増えている。

ロフト付き4ＬＤＫの間取りは、一見すると「核家族向け」の家。住んでいるのは松本さんと吉原由美さん、屋比久《やびく》涼子さん、留学生のリアノン・パジェットさんだ。全員がそろうことは少ないが、この日は珍しく全員集合。夜には鍋料理を囲もうと準備が進んでいた。リビングのソファーでは、猫の「凜太郎」と「歌麿」が寝転がり、日なたぼっこ中だ。「部屋が汚れる原因はだいたいこの子たち」と話すパジェットさんのまなざしも温かい。

他人同士の同居には、水場の使い方や掃除などのルールが必要と思われるが、この家には家賃を払う以外にルールはない。この家をどう使うかは、入居者たち自身が決めた。

「自分の家」という安らぎ

松本さんが住まい探しを始めたのは、2011年8月ごろだった。

「東日本大震災を経験して、1人暮らしに不安を感じた女性が周りにたくさんいました。『なにかが起こったとき1人だと不安。ばらばらに暮らしているのっておかしいね』と、それまでの暮らし方への疑問や不安が、人が集まると自然に話題にのぼったんです。『じゃあ一緒に住もうか?』と、家探しを始めました」

ほかの入居者たちも、さまざまな思いでこの家にたどり着いた。吉原さんは、15人ほど入居者がいるシェアハウスに住んだ経験もあるが「どんどん若い人が入居して、大人数の暮らしに少し疲れました。楽しかったけれど、『自分の家』という実感がわかなくて……」と言う。

転居を考えていたころ、松本さんに声をかけられたと吉原さん。

「次は1人暮らしを、とは思いませんでした。震災のとき、やっとの思いで帰宅して『みん

閑静な住宅地の中の一軒家をシェアハウスに

などうだった?』と話したり、余震が起きたら声をかけ合ったりして、人と住む安心を実感していましたから」

屋比久さんの部屋は、1階の和室。「音は聞こえるし、気になります。でも、人がいる安心感にもつながります。実家と同じです。共同生活には付きものの、普通のこと」。

パジェットさんは「みんな細かいことは気にしないけれど、必要なときには誰ともなく掃除をする。共同生活への責任感があると思います」と話す。

毎日一緒に食事をしたりするわけではないが、不安な時には声をかけあい、「自分の家」として責任と安心感をもてる穏やかさが、醸し出されているようだ。

「シェアハウス」とは?

言葉自体が新しく、明確な定義はないが、シェアハウスは大きく二つに分類できる。

一つ目は、松本さんのように、入居者たちが、一緒に物件を借りるＤＩＹ（ドゥ・イット・ユアセルフの略語）型。専門業者に任せずに、自らの手で生活空間をつくろうというもの。二つ目は、管理会社が物件を借り上げ、1部屋ずつ入居者を募集する事業体介在型。マンションなどを改装したものが多く、入居者数10人程度から100人以上までと幅がある。敷金・礼金不要・家具・家電付きの物件が多く、気軽に入退去できるのがメリットという。

特に女性は防犯面で1人暮らしに不安を覚えがちだ。「安心・安全な住まい」は、あって当たり前のようだが、探すのは意外と難しい。そのせいかシェアハウスは入居者全員が女性という物件が全体の4分の1を占める。

また、入居の理由に、初期費用の安さに加えて「他人と暮らす楽しさ・安心感」を挙げる人も多い。

ただし、事業体介在型シェアハウスは、年齢制限が設けられている場合がほとんどだ。松本さんが言う。

「45歳の私が入居できる事業体介在型のシェアハウスは、ほとんどありません。だから、いつか自分より年上の方とも暮らしてみたいです。介護が必要な方の場合は、私が介助するのではなく、公的なサービスなどによる介助者に入ってもらう生活です。それが実現すれば、私も、私より下の世代も将来の自分のあり方を安心してイメージできると思うんです」

松本さんに家を紹介した不動産仲介の「ルトゥール東京」代表の長尾晃宏さんはこう話す。

「シェアハウスの仲介では、会社員や学生、生活保護受給者など、入居者の多様性を実感しています。また、子ども連れや高齢者はだめ、と大家さんや不動産屋が貸す対象を選ぶいまの状態はおかしいと感じてもいます。やはり、話し合いを重ねながら少しずつ、変えていきたいですね」

ＤＩＹ型シェアハウスにはデメリットもある。家選びの段階で仲間割れをするケースも多く、掃除など個人の衛生観念に関わる部分では「ちがい」が生まれやすい。事業体介在型だと管理会社が共有スペースの掃除を代行することが多いが、ＤＩＹ型の場合、話し合いで解決するほかはない。家族との生活でも同じだが、多少のちがいは「共同生活なら当然」と受け入れて、気にしすぎない寛容さが必要という。

暮らし方に、選択肢を

松本さんたちの家にはロフトがある。家族や友人、知人が突然訪ねて来ても気兼ねせずに泊まれるスペースで、日常的にさまざまな人が宿泊する。夫からのＤＶ被害から逃げてきた母子が人づてにたどり着き、一晩を過ごしたこともある。

「女性が安心して暮らせるコミュニティーをつくるには、人としてのつながりが大切。一緒に住んでいなくてもつながりは保てます。初期メンバーの１人は、１人暮らしの方が性に合うと、いまは近所で暮らしています。それでも何かが起こった時に、助け合える距離にいると思えることが、お互いの安心につながっています」

シェアハウスは一時的なもので「ついのすみか」にはなり得ない、あくまで一部の若者の流行だと思われがちな面もある。

「『本来なら』１人暮らしをして、いつか家庭をもって、という生き方しか女性にはないと考えるとつらくないですか？　家族だって永遠じゃありません。もっと気持ちが楽になる暮らし方もあることを、シェアハウスは自分とは無縁と思っている人たちにも知ってもらいたいですね」

そんな松本さんの言葉には、いまの生活への充足感がにじんでいた。

（２０１４年5月／文・高田沙織／写真・永野佳世）

コメづくりを支える水路を守れ

福島県喜多方市／本木・早稲谷 堰と里山を守る会

福島県会津地方の飯豊山麓にある全長約6キロの「本木上ぜき」（喜多方市）は、江戸時代につくられた農業用水の一つ。その傍らに集った約50人のボランティアが二手に分かれ、冬場に水路にたまった落ち葉や泥をスコップなどですくっていく。年に1度の伝統行事「せきさらい」の始まりだ。

カエルを拾い上げては「大きいねー」と大騒ぎし、足元を泳ぐ魚に目を輝かせながら「この魚の名前は?」と、童心に返った大人たちがどろんこになりながら作業に励む。午前8時から昼をはさんで7時間の労働を終えると、配られた豆腐1丁と缶ビールで互いの労をねぎらい、「最高においしいね」と声をかけあう。

そんな「本木上ぜきのせきさらい」に都市住民が参加して15年。現在では、その労働力の8割以上を都市部からのボランティアが担う。

当初は費用負担が課題に

「お客さんではなく、あえて言えば仲間」とボランティア参加者を許すのは受け入れを発案した浅見彰宏さん。１９９６年に東京近郊から移住し、妻とともに2人の子どもを育てながら農業を続けてきた。移住した当時は31戸だった水路の利用者は、２０００年に23戸に減少。「農業者がやめるたびに、水路管理の人手も減り、農家の負担が増えます。さらにコメの販売価格が上がらないとなれば、コメづくりをやめる農家が出てきます。そうなると、せきに水を通せなくなり、コメも生産できなくなると危機感を感じました」と話す。

浅見さんの脳裏に浮かんだのがボランティアの受け入れだった。せきの管理者だった遠藤義一さんに相談をもちかけ、ボランティアも参加する「せきさらい」が実現した。

当初は苦労の連続で「人数が増えれば、話に興じて仕事がなかなかはかどらず、飲食代だけはかかるから、支出だけがかさんでしまいました」と遠藤さんは振り返る。そこで個人に負担のかからない方法を探して試行錯誤を繰り返し、地元住民らでつくる「本木・早稲谷　堰《せき》と里山を守る会」がボランティアの受け入れ窓口となり、参加者から一定の会費を徴収することにした。食事は原則自炊、宿泊のための布団も有料貸し出しとしたが、参加者は着実に増えていったという。

喜多方市早稲谷のたんぼ

「この水が流れて秋のおコメにつながるんですね」と神奈川県から友人と参加した阿部直美さん

「遊び仕事」で地域とつながる

本木上ぜきに隣接する「九ヶ村ぜき」でも、水利組合が「せきさらい」のボランティア募集を検討したが、採用には至らなかった。

7年前に地元に戻って田畑を耕している板橋大さんは、その理由を「何百年も続いてきた伝統的な集落の仕事です。やはり他人に頼ることなく、自分たち地元の力でやりたいという思いが強いのではないでしょうか」と話す。

その言葉を裏付けるように「集落で完結する『遊び仕事』は、村人にとって神聖なものという意識がある」と話すのは全国の農村を歩き続ける農山漁村文化協会の甲斐良治さんだ。

「そんな神聖な仕事に仲間入りできるのは、都市住民にとって実にぜいたくなことでしょう。『せきさらい』に限らず、全国各地にハチの巣採りやカモ猟など、カネには替えられない楽しみを感じられる『遊び仕事』があります。それこそ本当の農村の豊かさであり、グリーンツーリズムの極致ともいえるのではないですか」（甲斐さん）

都会で暮らす人びとにとっては一度参加すると、やみつきになるのが「遊び仕事」の特徴かもしれない。今年（2014年）「本木のせきさらい」に参加したボランティアの半数はリピーターだ。

さらに参加者の多くが本木上ぜきから引いた水を使ったコメ「上堰《ぜき》米」を購入している。玄米60キログラムが2万4千円と一般の取引価格より1万円以上も高めだが、「コメを買うなら一緒に『せきさらい』をした農家だから」の思いもあり、昨年は800キロの予約注文があったという。

「手応えは感じています。とはいえ、まだまだ道半ば。ボランティアを受け入れる側の若返りという課題をはじめ、不安は尽きませんが、これからも皆さんの力を借りてコメを育て続けていきたいです」と発案者の浅見さんは笑顔で語る。

（2014年9月／文・上垣喜寛／写真・越智貴雄）

「種」を未来につなぐ

東京・吉祥寺／旅する八百屋 warmerwarmer

作り手と食べ手をつなぐ

若者の街として知られる東京・吉祥寺。その一隅にある多目的複合スペース「キチム」に期間限定で「旅する八百屋 warmerwarmer（ウォーマーウォーマー）」が運営する「古来種食堂」と「種市《たねいち》」がやってくる。

昨年（2013年）10月12日の古来種食堂の献立には、室町時代から続く「甚五右ヱ門芋《じんごえもんいも》」「天狗茄子《てんぐなす》」の甘みそあえなど10品が並ぶ。どの料理の材料も、自家採種した種から同じ形質をもつとされる次世代の種が育つ「固定種」「在来種」と呼ばれる野菜だ。常連客の枳穀《げず》聖子さんが言う。

「初めて食べたのはジャガイモとニンジン。体中に生命力がみなぎるのを感じながら、しばらく食べるのに没頭しました。とにかく味が濃かった。それが在来種だったことを後で知り、そこから国内で流通しているほとんどの野菜がF1（エフワン）種だということなどがだんだんわかってきました」

期間限定の「古来種食堂」。レストラン「キハチ」の調理師として働いた経験を持つ高橋一也さんが腕を振るう

F1種とは交雑によって生まれた第1代目の品種を指し、その交配法は日本で開発された。生育が早く、収量も多く均質な野菜ができるので、生産農家にとっては栽培計画が立てやすい。

だが次世代には同じ形質は現れず、期待する形質の野菜を育てるには種苗会社が生産する種を買い続けなければならない。

対して、味は良いが大きさや形、収穫時期も一様ではない「固定種」「在来種」は、自家採種の技術をもった篤農家が連綿とつないできた、もはや希少な存在。「warmerwarmer」主宰の高橋一也さんは、「固定種」「在来種」を総称して「古来種」と呼ぶことを提唱している。

「古来より多くの人びとの思いを受けて、命の循環が続いているという点に定義をしぼって発信したいと思っているんです」

古来種の野菜を味わってもらいながら、生産農家と彼らが守り続ける種の物語を食べ手に届ける。そしてつくり手には消費者の「おいしかったよ。またつくってほしい」の声を伝える。両者のかけはしとなり、古来種を未来へつなげるのが夢だ。

命の糧・種を守る

高橋さんが古来種と出会ったのは自然食品店に勤めていた時代。２０００年に始まった有機農産物の日本農林規格（有機ＪＡＳ）認証制度の導入に際して生産農家との調整役を一手に引き受け、認証取得を促しながら、一つの疑問を感じていた。

「生産物は確かに有機野菜だが、その種はどうなのだろうか」

海外の有機農産物の生産農家や専門家からは「私たちのところではＦ１種でないのが当たり前なのに、日本の野菜はどれもロウ細工のように均一ではないか」と言われ続けて久しい。

そんな時に出会ったのが古来種を自家採種しながら栽培する農家だった。高橋さんは試行錯誤の末、指定した時期に指定した量を納入するのが難しいという古来種の特徴を踏まえ、「生産農家が出荷したいと思った時に全量引き取る」という業界常識を打ち破るような画期的な方法を採用し、流通を実現した。

転機は東日本大震災。食料と水を求めてパニックになる人びとを目の当たりにし、世の中がどのように変わろうとも種を取り、食料をつくり続けた先人たちの存在に思い至った。

ある日、1本の電話がかかってきた。相手は福島県浪江町の農家だった。先祖代々農業を営み、古来種を守り続ける人だ。「先祖から受け継いできたかけがえのない種が原発事故で汚染された。賠償してほしい」と東京電力に訴えたが、かえってきたのは「たかが種」の一言だ。日本の社会全体が「たかが種」と思っている。この状況を変えなければと高橋さんは種の大切さを伝えることを決意し独立する。これに多くの人が異論を唱えたが、2人の有機農業者が背中を押してくれたという。

「社会は、やりたいと思った人が動かしている。やりたいことを、やったらいい」

社会を変える力になる

高橋さんはいま、吉祥寺や、東京都国立市の「ニチニチ日曜市」をはじめとする各地のイベント会場や都内の百貨店の常設コーナーで、全国の生産農家から仕入れた古来種の野菜を販売しながら種の大切さを伝えている。こうした取り組みを通して新たな縁も生まれた。

宮本雅之さんもその1人。脱サラ後、有機農業者のもとで研修を受け千葉県君津市に新規就農を果たし、古来種だけの宅配野菜の栽培と販売を続けている。自家採種の技術をもつ農家の平均年齢が80歳代とも言われるなかで、貴重な若手の担い手といえる。

高橋さんたちはほかにも、食生活法の一つであるマクロビオティックに関連する教室やイベントを担う「オーガニックベース」代表の奥津爾《ちかし》さんと、「種市」や「月刊タネ会議」を開催する。「月刊タネ会議」では毎回多彩なゲストを招き、種や農業を取り巻く状況について語り合う。それぞれ職種も異なる老若男女が集うディスカッションの合間に、古来種を使った野菜料理を提供する。

高橋さんは「この松本一本ネギは、原発事故で福島を離れ、長野県に移った有機農家の方が育てたものです。70歳を過ぎての挑戦です。僕は本当にすごいと思いますが、みなさんはどう思われますか」と問いかける。こうした話や、食べ方を知って古来種の購入を決める人も多い。

高橋さんには、日本農業の生き残りに賭ける強い思いがある。

「環太平洋連携協定（ＴＰＰ）の時代になれば、商社はＦ１種の種と肥料と農薬をセットにして人件費の安い国での栽培を進めるでしょう。だからこそ日本の農家は古来種を続ける意味があります。何世代も経て風土に合った古来種は、農薬を使わずに育ちます。どこでも均質なものができるＦ１種とは確かに異なりますが、そこにはさまざまな人の思いや物語があります。これをみんなの力で未来につなげたいんです。仲間をつくり、話し合い、社会を変えていくことができると信じています」

（２０１４年１月／文・高橋宏子／写真・尾崎三朗）

あとがき

本書収録の各記事が掲載された生活クラブ生協連合会発行の月刊誌「生活と自治」は、現在、発行部数が25万部を超え、2015年7月号で通巻555号となりました。その制作費は、北海道から兵庫県までのエリアで、食品や日用品の共同購入に参加している生活クラブ生協（生活クラブ）の組合員が毎月1部100円を負担する有料購読制によって賄われています。

だとすれば「生活と自治」の主たる読者は生活クラブの組合員であり、機関紙ではないかと疑問に思われるかもしれませんが、生活クラブ連合会は「生活と自治」を「生活者の新聞」と位置付けています。組織決定された方針や行動計画を構成員に伝達するための情報媒体ではなく、生活者の視点に基づく、生活者のための、生活者による媒体づくりを進めていこうというわけです。

これまで「生活と自治」では、日本の「食」と「農」、「環境」や「エネルギー」の問題など、日々の暮らしに密接に関わる特集を毎号組んできました。この間は「平和」を考えるヒントになるような識者インタビューの連載にも力を入れています。また、連載コラムやエッセイなどの充実にも努め、作家の辺見庸さんや田口ランディさん、写真家の藤原新也さん、京都造形芸術大学教授の秋山豊寛さんが執筆中のコラムには、多くの反響が寄せられています。

こうした「生活者の視点に基づく、生活者のための、生活者による媒体づくり」の任を担うのが、読者代表として各地の生活クラブから選出された組合員からなる編集委員会です。生活クラブ連合会の執行機関である連合理事会は、生活者の新聞をつくるという位置付けのもと、「生活と自治」の編集権を編集委員会に委譲しています。

このように、機関紙ではなく、生活者の新聞を発刊し続けるという事業にチャレンジしている生協は、生活クラブ連合会の他にはないといっても過言ではないでしょう。さらに、その制作費を組合員自らが負担する有料購読制で賄い、読者代表で構成される編集委員会が誌面内容を決定して発行される情報媒体も例がないと自負しています。

「生活と自治」の発行を支えている有料購読制の根底には「広告に依拠せず、商業メディアとは異なる固有の情報媒体を自らつくり、育てていこう」という生活クラブの組合員の精神が宿っています。それは食品や日用雑貨品の共同購入を通して培われた「自ら考え、必要とするものがなければ自ら行動し、自ら創出する」という考え方に由来します。

生活クラブの組合員は商品社会の問題点を指摘するだけではなく、自分たちが求める価値が形になった生活クラブ独自の食品や日用品を生産者とともに開発し、それらを商品ではなく「消費材」と呼んでいます。その意味でいえば「生活と自治」も消費材の一つであり、有料購読制は「情報の共同購入」のしくみといえます。

さて、「生活と自治」にいまも連載中で本書の下敷きとなった「新潮流 にんげん模様」の冒頭には、「本欄では、課題や困難に直面しながらも、目指す方向への新たな道を切り開いていこうとする人びとの姿を紹介します」というメッセージが毎号掲載されています。それは何か課題を発見したら、解決を他人任せにするのではなく、自分たちの力で解決策を見い出し、それを精いっぱい具体化していこうとする人たちへのエールです。そして、同時に彼らと同様の姿勢を貫いてきた生活クラブの組合員への敬意の表われでもあります。

かつて同欄の連載タイトルを考えていたとき、「潮流」という言葉が思い浮かびました。潮流、すなわち潮の流れです。海岸に打ち寄せる波は見えますが、潮流を肉眼で確認することはできません。海で泳いでいた人が、知らない間に潮に流され、いつのまにか海岸から遠く離れた沖合に運ばれてしまったという話を耳にされたことがあるかと思います。エンジンが故障した船舶が漂流し、見知らぬ土地に流れ着いたという話もあります。いずれも潮流の仕業です。

実社会にもさまざまな潮流があります。それらが人を不幸にし、失意や悲しみを増幅するものであれば、新たな流れを自らつくり、共感の輪を広げていくしかありません。ともに行動する人を増やすのです。そうした実践の記録が本書には収録されています。

これら本書に収録された一連の取材記事は、生活クラブ連合会職員の高橋宏子さん、同「生活と自治」編集室の宮下睦さん、フリーライターならびにフリーカメラマンの皆さん、生活クラブ連合会職員の努力の結晶といえるものです。また、本書の企画から編集までを支えてくれたのは、生活クラブの組合員読者として「生活と自治」に連載中の「新潮流 にんげん模様」（新潮流）に目をとめ、深い関心をもってくださった影書房編集者の吉田康子さんです。本当にありがとうございました。

「新潮流」の連載を続けられたのは毎月1部100円で「生活と自治」を有料購読してくれる生活クラブ生協の25万人の組合員のおかげです。本書の刊行も「協同」と「自治」の成果の一つであると、多くの組合員に喜んでいただけたら何よりです。

2015年8月

生活クラブ連合会「生活と自治」編集委員会

プロフィール
（50音順）

執筆

【フリーライター／フリージャーナリスト】

市川はるみ いちかわ はるみ
1964年生まれ。京都府出身。
共著：『新・買ってはいけない5』（金曜日）

上垣喜寛 うえがき よしひろ
1983年生まれ。埼玉県出身。
共著：『震災以降』（三一書房）。

樫田秀樹 かしだ ひでき
1959年生まれ。北海道出身。
著書：『悪夢の超特急 リニア中央新幹線』（旬報社）他。

佐藤由美 さとう ゆみ
1961年生まれ。山形県出身。
共書：『持続可能なまちは小さく、美しい』（学芸出版社）他。

瀬戸義章 せと よしあき
1983年生まれ。神奈川県出身。
著書：『「ゴミ」を知れば経済がわかる』（PHP研究所）。

高田沙織 たかだ さおり
1987年生まれ。神奈川県出身。

瀧井宏臣 たきい ひろおみ
1958年生まれ。東京都出身。
著書：『ダントツ技術』（祥伝社新書）他。

＊

【生活クラブ連合会職員】

田辺樹実 たなべ たつき
1951年生まれ。山口県出身。
元生活クラブ連合会職員。
社会福祉法人「風の村」常勤顧問。

高橋宏子 たかはし ひろこ
1967年生まれ。福岡県出身。
元「生活と自治」編集担当職員。

宮下 睦 みやした むつみ
1961年生まれ。群馬県出身。
「生活と自治」編集担当職員。

山田 衛 やまだ まもる
1961年生まれ。静岡県出身。
「生活と自治」編集担当職員。

撮影

【フリーカメラマン】

大串祥子 おおぐし しょうこ
佐賀県出身。

尾崎三朗 おざき さぶろう
1958年生まれ。東京都出身。

越智貴雄 おち たかお
1979年生まれ。大阪府出身。

タカオカ邦彦 たかおか くにひこ
1955年生まれ。滋賀県出身。

田嶋雅巳 たじま まさみ
1953年生まれ。愛知県出身。

永野佳世 ながの かよ
1970年生まれ。静岡県出身。

丸橋ユキ まるはし ゆき
1976年生まれ。東京都出身。

御堂義乗 みどう よしのり
1955年生まれ。大分出身。

長谷川健郎 はせがわ けんろう
1950年生まれ。福岡県出身。

一緒《いっしょ》に生《い》きてく地域《ちいき》をつくる。

二〇一五年 九 月一〇日 初版第一刷

編著 生活《せいかつ》クラブ連合会《れんごうかい》「生活《せいかつ》と自治《じち》」編集委員会《へんしゅういいんかい》

発行所 株式会社 影書房
〒114-0015 東京都北区中里三―四―五
ヒルサイドハウス一〇一
電 話 〇三(五九〇七)六七五五
FAX 〇三(五九〇七)六七五六
E-mail =kageshobo@ac.auone-net.jp
URL =http://www.kageshobo.co.jp/
〒振替 〇〇一七〇―四―八五〇七八

本文印刷=スキルプリネット
装本印刷=アンディー
製本=根本製本

定価 一、五〇〇円+税

ISBN978-4-87714-460-9

井戸川克隆、村上達也、桜井勝延、保坂展人他　脱原発で住みたいまちをつくる宣言 首長篇　一八〇〇円

小坂正則　市民電力会社をつくろう！——自然エネルギーで地域の自立と再生を　一五〇〇円

松下竜一　暗闇の思想を／明神の小さな海岸にて　二四〇〇円

鎌仲ひとみ　六ヶ所村ラプソディー——ドキュメンタリー現在進行形　一五〇〇円

菊川慶子　六ヶ所村 ふるさとを吹く風　一七〇〇円

澤井余志郎　ガリ切りの記——生活記録運動と四日市公害　二〇〇〇円

岩上安身、竹村英明、斉藤真里子、中村健他　選挙を盛り上げろ！　一六〇〇円

李信恵　#鶴橋安寧——アンチ・ヘイト・クロニクル　一七〇〇円

目取真俊短篇小説選集〔全3巻〕　各巻二〇〇〇円

第1巻 魚群記　第2巻 赤い椰子の葉　第3巻 面影《うむかじ》と《とぅ》連れて《ちりてぃ》

〔価格は税別〕　影書房　2015. 9 現在